U0016279

成就密碼

任何人都能實現夢想的技能

THE TALENT CODE

GREATNESS ISN'T BORN. IT'S GROWN. HERE'S HOW.

丹尼爾·科伊爾──著

DANIEL COYLE

周怡伶──譯

而是一個微小、短暫卻強烈的想法：一個對未來理想自己的願景，一個給予指引、激勵與加速學習的願景，而這個願景是源自於外在世界。

第6章 古拉索實驗

我造訪的每個天才產地，使用的語言是肯定努力的價值，而不是內在的天分或智力。

PART 3 大師級的教練法

是因為他有一種價值連城與罕見的才華。

他可以走到一個素未謀面的人面前，

在未知、金錢與懷疑的籠罩下，與這個人建立連結。

好評推薦

《成就密碼：任何人都能實現夢想的技能》讓讀者秒懂打造成就其實很簡單，想要擁有高成就，不用像苦行僧般的練習，你只需要掌握黃金六分鐘和大腦髓鞘，讓深度練習、激發、大師級的教練法成為你變優秀的三大支柱，就能不斷升級你的終極潛力。

——宋怡慧，新北市立丹鳳高中圖書館主任

此書是由一連串令人激賞的成功故事，以及具說服力的腦神經科學根據所編織而成。在不同領域出類拔萃的成功事蹟背後，原來都有共同的關鍵密碼——深度練習，若能學會此書指導的原理和方法，我相信每個人都有獲得人生重大突破的可能！

——愛瑞克，《內在成就》作者、TMBA共同創辦人定義一個人是天才，彷彿就能抹煞他的努力與付出。然而，《成就密碼》告訴我們，透過深度練習、爲你的引擎點火，以及找到適合的學習迴路，你就能成爲天才。無論是技術高明的魔術師、運動員以及畫家、廚師都是如此。天才，就是結合神經機制，用對方法，隨時間累積成才的平凡人。

——鄭匡寓，動一動運動媒體總編

我以前沒用過「突破」「令人驚嘆」「權威」「驚人傑作」或「讀完這本書後，你的世界不再一樣」之類的字眼。可是要描述對丹尼爾·科伊爾的《成就密碼》的感想時，我可能會第一次、也是唯一一次用到這些詞。我敢「保證」，你在任何一年都不會讀到比這本更重要、更有用的書了。

——湯姆·畢德士，《追求卓越》作者

這是一本出色、甚至是鼓舞人心的書。丹尼爾・科伊爾將大腦研究、行爲研究和實際訓練的觀察結果織就成一幅眞正重要的概念。這本書既證明了你我每個人在學習和表現上都具有非凡的潛能，也對任何認定個人的能力和局限性是與生俱來的觀點提出了控訴。

——羅伯・畢約克，加州大學洛杉磯分校心理系名譽教授

大衛拿著木杖，在小溪中揀出五塊鵝卵石，放進牧羊人隨身背包中，手持彈弓，走向歌利亞。

——《撒母耳記》17：40

前言

接上一個神經機制，破解天才密碼

六分鐘深度練習，抵過一個月。

每一趟旅程，都是從問題開始。以下就是三個提問：

- 爲什麼俄羅斯一個財源困窘的網球俱樂部，只有一個室內球場，竟然訓練出世界排名前二十的女子網球選手，人數甚至比全美國還多？
- 爲什麼德州達拉斯一家毫不起眼的音樂教室，可以造就一票流行音樂明星，比如潔西卡·辛普森、戴咪·洛瓦特？
- 爲什麼英國偏遠小村莊一戶沒受過什麼教育的貧窮家庭，能培育出三位世界級作家？

天才產地總是神祕的，最令人費解的是，它們會在毫無徵兆之下冒出頭。美國職棒大聯盟最早在一九五〇年代才有多明尼加這個小島的球員；時至今日，每九位大聯盟球員就有一位來自多明尼加。一九九八年首度有南韓選手在美國女子職業高爾夫協會（LPGA）錦標賽中奪冠，到二〇〇九年時，在LPGA巡迴賽中已經有四十五位南韓選手獲勝；而且，女子高爾夫世界排名前二十的獎金得主之中有八位來自南韓。美國范克萊本鋼琴大賽，一九九一年只有一位參賽者來自中國，二〇〇九年的大賽則有八位來自中國；而且這種大幅躍進的情形，也反映在世界各大知名管弦樂團的團員組成。

媒體報導通常認爲，每一個天才產地只是單一偶發現象。其實不然，它們全是一個由來已久的大型模式的一部分。仔細想想，十九世紀的維也納作曲家、莎士比亞時代的英格蘭作家。還有文藝復興時代的義大利藝術家，當時的佛羅倫斯人口七萬，是個安靜的城市，卻突然冒出好幾位橫空出世的天才。以上每個案例都可以問同樣的問題：這些聰明絕頂的天才從何而來？他們是怎麼培養出來的？

六分鐘練習抵過一個月的女孩

這個問題的答案，可以從一支精采的影片說起。影片中是一位臉頰有雀斑的十三歲女孩，名叫克萊瑞莎（化名），她是澳洲音樂心理學家蓋瑞．麥佛森（Gary McPherson）及詹姆斯．瑞威克（James Renwick）的研究案例之一，他們花了數年追蹤克萊瑞莎學習豎笛的進展。這支影片的正式片名是 shorterclarissa3.mov，但是我覺得應該叫做〈六分鐘練習抵過一個月的女孩〉。

影片中的克萊瑞莎，看起來並不是特別有才華。她穿著藍色連帽運動衫及運動短褲，表情漠然，一副剛睡醒的樣子。事實上，在這支影片捕捉到那六分鐘之前，她的音樂才能被歸類爲平庸。根據麥佛森所做的性向測試，以及克萊瑞莎的鋼琴老師、父母和她本人的說法都證實：克萊瑞莎沒有音樂天賦。她的音感不好、節奏感平平，學習動力也不足（在這份研究的問卷中，克萊瑞莎說她練習的最大原因是「因爲我就是應該練習」）。即使如此，在音樂科學研究圈中，克萊瑞莎卻很有名。因爲，在一個尋常的早上，麥佛森的攝影機捕捉到這個資質平庸的孩子做出相當不尋常的事。根據麥佛森的計算，在五分五十四秒之內，克萊瑞莎的學習速度加快了十倍。更值得注意的是，她本人甚至沒有察覺到這一點。

麥佛森把這段影片播放給我們看。影片時間是某天上午，是克萊瑞莎每週一次豎笛課的隔天上午，她的固定練習時間。練習曲子是〈金婚式〉，爵士豎笛樂手伍迪．赫曼一九四一年的作品。這首曲子克萊瑞莎已經聽過幾遍了，她很喜歡，這時要試著吹奏它。

克萊瑞莎吸一口氣，吹了兩個音符。接著停下來。她把豎笛從嘴唇挪開，凝視著那紙樂譜，瞇起眼睛。她又吹了七個音符，那是這首曲子的起始樂句。她漏掉最後一個音符，立刻停了下來，猛地把豎笛從唇間抽出來，然後又瞇起眼睛看樂譜，輕輕哼出這個樂句：「達－達－達－搭－」。

克萊瑞莎重新來過，從第一個音符開始吹，這次往下多吹奏了一些，但還是漏掉最後一個音符，又再回頭補上那個音符。這段開頭樂句漸漸成調了——音符有了韻味與感情。她吹完這個樂句之後又停下來，停頓了六秒鐘之久，她似乎在心裡反芻，一邊想一邊在豎笛上移動指頭。她傾身向前，吸一口氣，又重來一遍。聽起來似乎很糟吧。這不是美妙的音樂，而是支離破碎、斷斷續續、拖拍子的一串音符，這裡停頓、那裡吹錯音。按常理，我們會認為這首曲子克萊瑞莎沒練起來，但在這個案例中，常理是大錯特錯。

麥佛森說：「這真的太讓人驚嘆了。每次看這段影片，我都能看到新東西，非常微妙又有力量的東西，令人難以置信。職業音樂家為了星期六的演出，星期三就是這樣在練習的。」

影片中的克萊瑞莎傾身對著樂譜，摸索著從未吹奏過的升G調。她看看自己的手，又看看樂譜，然後又看了看自己的手。她哼起了那段即興反複樂句。克萊瑞莎的姿勢往前傾，看起來就好像走進寒風中，因為瞇眼凝視樂譜，甜美的雀斑臉蛋顯得緊繃。她吹奏了一遍又一遍，每一遍都加進一點點韻味、節奏及搖擺的感覺。

麥佛森說：「你們看看！她心裡有一幅藍圖，不斷拿它來跟自己做比較。她是以全局思維在練習每一個樂句。她也沒有忽略錯誤；一聽到錯誤，就去修正它們。她把小環節整合進全局中，在不斷地顧及整體又琢磨細節之下，逐步將自己的水準推向更高層次。」

這不是平凡無奇的練習。這種練習是目標極度明確、專注處理錯誤的過程。某種東西逐漸成長、逐漸建立起來。曲子開始成調，克萊瑞莎的內在也隨之出現了一種新特質。

影片繼續。克萊瑞莎練習了〈金婚式〉之後，接著練習下一首〈藍色多瑙河〉。不過，這次她沒有停下來，一口氣吹完整首樂曲。這次沒有不時停頓，吹出來的樂曲即使偶爾會出現破音，但旋律非常清楚。

麥佛森嘆著氣說：「她不過像走在電動走道上那樣吹奏著豎笛。這太可怕了。她沒在思考、沒在學習，也不是在培養什麼，就只是在浪費時間而已。她就從很爛、到一般、到很棒，然後又重來一次。她也完全沒有意識到自己在做什麼。」

過了一會兒，麥佛森實在忍不住了，他又倒帶回去看克萊瑞莎練習〈金婚式〉的片段。他想看這一段的原因跟我一樣。這段影片顯示的不是基因造就的天賦，而是一件更耐人尋味的事。這六分鐘顯示的是，一個普通人進入一段充滿創造力的神奇境界，其間每過一秒，技巧就更加精進。

麥佛森若有所思地說：「天啊！如果有誰能把這一刻裝瓶封存起來，那它眞是價值連城。」

髓鞘是習得技能的聖杯

這本書要說的是一個很簡單的觀點：克萊瑞莎和天才產地，做的是同一件事。他們接上一個神經機制，透過某種有目標的練習模式培養出技能。他們在不知不覺中進入加速學習的境界，雖然這種境界無法裝瓶封存起來，但知道訣竅的人就能進入這種境界。簡而言之，他們破解天才密碼了。

天才密碼是建立在革命性的科學發現上，也就是神經絕緣體「髓鞘」。當前有些神經學家認爲，髓鞘就是我們習得技能的聖杯。爲什麼呢？因爲人培養的每一項技能，無論是打棒球或演奏巴哈樂曲，都是透過攜帶著微小電脈衝的神經纖維鏈而來，這些微小的電脈衝就是神經迴路中的訊號。髓鞘的主要作用在於它包覆神經纖維，就像包覆銅線的橡膠，不讓電脈衝外洩，訊號就能傳遞得更強、更快。當我們以正確方式觸發神經迴路時，比如練習揮棒或練習吹奏某個音符，包覆著那條神經迴路的絕緣體髓鞘就會增厚；每加新一層絕緣體，就增添一點技巧和速度。髓鞘愈厚，絕緣效果就愈好，我們的動作和思考就愈快、愈準確。

髓鞘之所以重要，有好幾個原因。**它是普世皆然的**：每個人都可以長出髓鞘，長最快的時期是童年，但是整個人生中都可以生長。**它是不分領域的**：髓鞘生長能幫助習得所有形式的技能，無論是腦力或身體的。**它是難以察覺的**：我們無法看到或感覺到，只有透過它造成的神奇效果，才能感覺到髓鞘在增加。不過，髓鞘之所以重要，最大的原因是：它提供了一個清晰的模式，讓我們對於技能有全新的理解。技能是包覆在神經迴路的絕緣層中，它會對特定訊號做出反應而增長。你對正確練習投入的時間和精力愈多，也就是上述「克萊瑞莎境界」持續得愈久，輸入正確訊號到神經迴路的時間愈長，就能學到更多技能——換句話說，你就得到更多髓鞘。所有技能習得與天才產地，依循的運作原則都是相同的，無論這些技能在我們看起來有多麼不同。研究髓鞘的已故加州大學洛杉磯分校神經學家喬治・巴茲佐奇斯（Dr. George Bartzokis）說：「所有技能、所有語言、所有音樂、所有動作，都是活生生的神經迴路構成的，所有迴路的生長又都是根據一定的規則。」

我們走訪了全世界最頂尖的足球員、銀行搶匪、小提琴家、戰鬥機飛行員、藝術家，以及滑板玩家，後文會看到他們如何運用這些規則。我們也探訪幾處令人驚訝的天才產地，這些地方的成功原因，就連當地居民也猜不出道理何在。我們還會見到不同領域的科學家、教練、老師，以及研究天才的學者，正在找出技能習得的新工具。最重要的是，本書還會探索運用這些工具的具體方法，讓我們自己與周遭人發揮更大潛力。

所有技能的成長都是透過同樣的細胞機制，這種觀點似乎很奇特又令人驚訝，因爲技能實在是百百種。但是，地球上所有的物種變化，都是從共有的適應機制建立起來；演化就是如此，沒有其他方式。紅杉和玫瑰不一樣，但是兩者都是透過光合作用而成長。大象與阿米巴變形蟲不一樣，但是兩者都以同樣的細胞機制將食物轉化成能量。網球選手、歌手、畫家，似乎並沒有什麼共通之處，但是他們全都是透過不斷磨練神經迴路、循著天才密碼的規則，簡而言之，就是長出更多髓鞘，因而逐漸能精進時機拿捏、速度與精確度。

這本書分成三大部：深度練習、激發、大師級的教練法，分別對應到天才密碼的三個基本元素。每個元素本身就很有用了，但是這三者的融合，正是建立技能的關鍵。要是缺少其中一項，這個過程就會減緩；把三者結合起來，即使只是六分鐘，也會開始改變。

PART 1

深度練習

第1章

甜蜜點

犯錯讓你更聰明。

——德國諺語

雞窩裡的哈佛

二〇〇六年十二月，我開始拜訪一些天才輩出的小地方。[1] 旅程起點是莫斯科一個簡陋的網球場，接下來我在十四個月內，去了巴西聖保羅的足球場、德州達拉斯的聲樂工作室、加州聖荷西市區的學校、紐約州阿迪朗達克斯山區一個簡陋的音樂學校、加勒比海一個熱愛棒球的小島，還有其他幾個大量出現傑出人才的寒酸小地方，有個朋友稱這些地方是「雞窩裡的哈佛」。

這段旅程對我來說有幾個挑戰，首先是要盡可能以合乎邏輯（也就是：並非無厘頭）的方式對我太太與四個小孩解釋。所以我決定把這趟旅行塑造爲「大遠征」，有點像十九世紀博物學家那樣的探險。我直接把它比擬爲達爾文的小獵犬號之旅，我巧妙地說明了這些偏遠的小地方如何像培養皿一樣，擴增更大量的典範與舉足輕重的人物。這番解釋似乎說得通（至少暫時可以）。

當時我無意間聽到十歲女兒凱蒂耐心地對妹妹解釋：「爸爸要去尋寶，就像在生日派對裡面玩的那樣。」

尋寶遊戲，生日派對——老實說，相去不遠。我拜訪了九個天才產地，南轅北轍，唯一的共同點是：它們的存在不像是眞的。從統計來看，這九個天才產地是天方夜譚，就像天底下不會有一隻大聲吼叫、還統治森林的老鼠一樣。但怎麼會這樣？

第一個線索以料想不到的模式出現。起初拜訪這些天才產地，我以爲會目眩神迷。我以爲會目睹世界級的速度、力量、優美。這些期待大半都實現了，甚至還超乎我的期待。身處在這些天才產地，我覺得就像站在一群奔跑的鹿群當中，每件事物都比一般日常更快速、更流暢。（我的自尊心先前從來沒有眞的面臨考

1 天才（talent）這個詞可能很不明確，而且會含糊帶有潛能之類的意思，尤其是對孩童或青少年。研究顯示，身為神童並不是一個長期成功的可靠指標（請見參考文獻：第1章）。為了清楚起見，我們採取最嚴格的意思來定義「天才」：擁有可重複的技能，而且不取決於實際身形大小（賽馬騎師與美式足球前鋒，對不起了）。

驗，直到在網球場上被一個八歲小孩藐視。）

不過，這只是一半的情況而已。至於另一半情況，我目睹到截然不同的景象。緩慢又斷斷續續的掙扎，頗像在克萊瑞莎的影片中看到的那樣。就好像這群鹿突然碰到一片結冰的山坡，猛然急停，觀望、仔細思考、再踩下一步。所謂進步，變成數次小失敗、規律性的修修補補，此外還有：表情都一樣。他們那種瞇著眼睛的緊繃神情，看起來眞的好像克林．伊斯威特。（我知道這個比喻聽起來很怪。）

十一歲的布尼歐，在巴西聖保羅的水泥操場上，練習一招新的足球動作。他慢慢移動，感受那顆球在自己那雙廉價球鞋下滾動。他正在努力學「牛尾巴」這個控球動作，先用足外側輕撥球，然後腳迅速繞過球，再以足內側將球踢往另一腳方向。這個動作如果做得好，旁觀的人會以爲，這個球員是不是在球上綁了一條橡皮筋。我們第一次看布尼歐嘗試這個動作時，他失敗了，接著他停下來思考。他又做了一次，這次比較慢，但又失敗——球滑走了。他再次停下來思考。這次他做得更慢了，把這個動作拆解成幾個小部分：這樣、這樣、那樣。他緊繃著臉，眼神專注到出神。接著，突然豁然開朗：他開始能準確地完成這個動作。

二十四歲的珍妮，在達拉斯一間狹小的聲樂教室裡，練習流行樂曲〈沒時間了〉副歌。她試著唱好這首歌曲的精采結尾，唱到time這個字時會走音。她試唱、走音、停下來、思考，接著速度放慢再唱一次。每次唱錯一個音階，就停下來重新開始，或是從唱錯的地方開始。珍妮唱唱停停、停停唱唱。接著，幾個片段連接到位，突然就唱對了。珍妮練唱到第六次，完美唱出這個小節。

看到有人的練習成效很好時，我們通常會用「意志力」「集中精神」「專注」之類的字眼來形容。但是這些字眼不完全貼切，因爲它們並沒有捕捉到過程中猶如冰攀活動的特殊性。天才產地裡的人所做的活動，乍看之下很奇特又令人驚訝。他們會主動去找陡滑的冰壁，像克萊瑞莎那樣，刻意在能力的極限下練習，這樣當然會搞砸。但是，搞砸卻使他們更厲害，這是怎麼回事呢？

試圖描述巴西足球員的集體才華，就像試圖描述重力法則一樣。你可以用數字來表示：五次世界盃冠軍、每年被歐洲職業足球俱樂部簽下的年輕天才足球員，多達九百多人。你也可以用人名來描述：一連串超凡的足球巨星——比利、奇哥、蘇格拉底、羅馬里歐、大羅納度、儒尼尼奧、羅比尼奧、小羅納度、卡卡等等，這些人稱爲「世界最佳球員」當之無愧。不過，用數字或用人名來描述，都不能捕捉到巴西足球天才的威力。你必須去感覺。全世界的球迷每天都會目睹這個典型場景：一個巴西球員被對方球員團團圍住，他毫無選擇，沒有空間、沒有希望。接著這個巴西球員一個跳舞般的迅速動作——假動作、輕彈、猛然加速，瞬間突破防守，對方一堆球員全都纏在一起，而巴西球員就像泰然自若走下一班擁擠的公車。巴西這個國家每天都做出極度困難、極度不可能的事：在這個世界爲之瘋狂的球賽中，持續培養出球技精湛的球員，比例高得不尋常。

對於這種天才高度集中的現象，最老掉牙的解釋是基因和環境，也就是先天條件和後天培養。以這種思考方式，巴西確實很棒，因爲它具備天時地利人和：宜人的氣候，對足球深深熱愛，一億九千萬人口的基因組成多元，其中四〇%極度貧窮，渴望透過這項「美好的運動」翻身。把所有因素加起來——成了！你得到一個製造足球大國的理想工廠。

但是，這種解釋有個小問題：巴西並非一直是傑出足球球員的製造廠。在一九四〇、五〇年代，氣候、熱情、貧窮這三項因素都有，但是這座理想工廠取得的結果並不突出，從來沒拿過世界盃冠軍，連續四次無法打敗當時的足球大國匈牙利，也很少出現後來廣爲人知的華麗即興球技。直到一九五八年瑞典的世界盃上，今日世人認識的巴西足球才眞正出現，當年的巴西隊以年僅十七歲的比利爲主力。[2]萬一接下來十年，巴西足球失去它在這項運動的崇高地位（就像當時的匈牙利居然慘敗那樣），那麼我們無從回應「巴西是獨特的」這項說法，只能聳聳肩、慶祝下一個新冠軍，而這個新冠軍必定也會具備一套自己的特色。

所以，到底巴西爲什麼會培育出這麼多優秀的球員？

---

2 一九五八年世界盃四強戰，巴西對上外界大力看好的蘇聯，結果巴西獲勝。足球史學者回溯這場比賽開頭三分鐘，蘇聯被認為是現代足球技法的翹楚，居然敗給比利、加林查、瓦瓦等人的運球技巧。球評路易斯．曼德斯（Luis Mendes）說：「蘇聯的科學系統就在這裡死當了。他們第一個把人類送上太空，卻沒辦法盯住加林查。」

A	B
ocean／breeze	bread／b_tter
leaf／tree	music／l_rics
sweet／sour	sh_e／sock
movie／actress	phone／bo_k
gasoline／engine	chi_s／salsa
high school／college	pen_il／paper
turkey／stuffing	river／b_at
fruit／vegetable	be_r／wine
computer／chip	television／rad_o
chair／couch	l_nch／dinner

圖表 1-1

答案令人驚訝。巴西之所以誕生這麼多優秀球員，是因爲從一九五〇年代開始，採用一種特殊訓練方式。他們用一種特殊方法來增進運球技巧，運球速度可以比世界任何國家都快。他們就像一整個國家都是克萊瑞莎，找出一個方法來加快學習速度。他們也和克萊瑞莎一樣，對此渾然不覺。我把這種訓練稱爲「深度練習」。接著我們會看到，深度練習不只適用於足球。

了解深度練習，最好的方式就是實作。請花幾秒鐘讀過【圖表1-1】的A、B欄，每一欄都用同樣時間。

現在，蓋住這頁。試著回想你能記得多少組的單字？哪一欄的單字你能記得比較多？

如果你和大部分人一樣，兩者的差距是很明顯的：B欄的單字，必須填空，你會記得比較多。研究顯示，你記住的單字組數會相差三倍。就像是在最後幾秒鐘時，你的記憶能力突然變厲害了。如果這是考試的話，你在B欄的得分會高出三〇〇%。

你看著B欄時，智商並沒有提高，也不覺得有什麼不同。你並不是一下子變成天才（抱歉）。但是你遇到有缺字的單字時，發生了一些難以察覺卻意義深遠的事。你會停頓下來，會稍微卡住，然後想出答案。你掙扎了一微秒，而這一微秒就是造成改變的關鍵。看著B欄時，你並沒有更努力練習，而是深度練習。

另一個例子是，假設在一場派對中，你怎樣也想不起某個人的名字。如果有人跟你說了那個名字，你很可能會再次忘記。但是，如果你是自己想起那個名字，也就是自己接通訊號，而不是被動接收訊息，那它會深植你的記憶。並不是因爲這個名字突然變重要了，或者你的記憶力變好，只是因爲你做了深度練習。

再假設，在一架飛機上，空服員以一分鐘清楚簡潔地示範如何穿上救生衣，你這輩子不知道看過多少次了（指示說：「從頭部套上救生背心、束緊救生背心前側的兩條黑色束帶、拉下紅色拉繩來充氣背心」），一小時之後，飛機突然傾斜搖晃，你聽到通訊系統傳來機長以緊急語氣告訴乘客穿上救生衣。你多快能做到？黑色束帶要怎麼繞啊？紅色拉繩又是做什麼用的？

另一種狀況是：一樣是這架飛機，但這次並不是再看一次穿救生衣操作示範，而是實際穿上去。你把那件黃色塑料衣套過頭，撥撥束帶和紅色拉繩。一個小時後，飛機開始傾斜搖晃，機長的聲音從通訊系統中傳來，這次你能做多快？

深度練習是建立在一個矛盾的論點上：以目標明確的方式掙扎努力——也就是在自己的極限、會犯錯之處練習，反而能讓你變得更聰明。或者換個不同的方式說，迫使你慢下來、犯錯、糾正錯誤的經驗，就像走在覆冰的山丘上，沿途步履蹣跚又不時滑倒，但是最後能讓你變得身手敏捷又優雅，而你渾然不覺。

「我們認爲毫不費力的表現是比較好的，但這其實是很糟糕的學習方式。」舉出上述例子的羅伯・畢約克（Robert Bjork）說。他是加州大學洛杉磯分校心理系名譽教授，研究生涯大部分主題是記憶與學習。畢約克開朗與博學，無論是記憶衰退的曲線或美國職籃球星歐尼爾，他都能侃侃而談。歐尼爾的罰球是出名地差勁，畢約克認爲歐尼爾應該從四公尺與五公尺等不同距離來練習，而不是標準的四・五公尺。（畢約克的診斷是：「歐尼爾必須培養調整動作程序的能力，不這樣做的話，他會一直爛下去。」）

畢約克說：「乍看是阻礙，長遠來看卻是好的。一次親身經歷，即使只有幾秒，也會比數百次觀摩來得有用。」畢約克引用聖路易華盛頓大學心理學家亨利・羅迪格三世（Henry Roediger III）的實驗，把學生分成兩組，讓他們研讀一篇自然史的文章。A 組學生以四堂課來讀這篇論文，B 組學生只讀一次，但是要做三次測驗。一週之後，兩組學生一起參加考試，B 組的得分比 A 組還高五〇%。他們只花 A 組的四分之一時間念書，但是吸收的竟然比較多。畢約克的學生凱薩琳・費瑞絲（Catherine Fritz）說，她把這些觀念運用在學業上，念書時間只有一半，但是GPA成績提高了整整一分。

畢約克解釋，原因在於我們大腦的建構方式。「我們以爲記憶就像錄音機，但這是錯的。它是一個活的結構，一個無限大的鷹架。我們產生愈多電脈衝，愈是經歷困難、克服困難，就會建立更多鷹架。建立更多鷹架，就學習得愈快。」

深度學習時，普世的規則就暫時不適用了。你更有效地利用時間，投入小小的努力，創造大又持續的成果。你讓自己處在一個有利的槓桿位置，在這個位置上，你能夠把失敗轉換成技能。訣竅就是選擇一個超過你目前能力的目標，鎖定在自己必須拚命琢磨的目標。盲目的窮追猛打是沒有幫助的，而是要有力拚的目標才對。

畢約克說：「這一切都是爲了找到『甜蜜點』。在你當前的能力與努力想做到的能力之間，有個最佳間隔。當你找到這個『甜蜜點』時，學習就會起飛。」[3]

深度學習是很奇特的概念，這有兩個原因。第一個原因是，它正好違反我們對天賦的直覺。直覺告訴我們，練習與天賦的關係，就像磨刀石和刀子一樣：練習很重要，但是如果少了所謂的「天賦能力」這片堅實的刀鋒，再怎麼練也沒用。然而，深度練習這個概念竟然提出一個非常有意思的可能性：練習可能就是鍛造刀鋒本身的方法。

深度練習這個概念之所以奇特，第二個原因是，它把我們通常極力避免的事情，也就是錯誤，轉變成技能。要了解深度學習到底是怎麼運作的，首先我們來想想，錯誤在學習過程中出乎意料、卻很關鍵的重要性。不如來思考一個最極端的例子，這個例子是個問句：當犯錯很可能要了你的命時，那要如何學會一件事呢？

3 好廣告也是依據深度練習的原則，把受眾置於能力極限的甜蜜點，增強記憶。所以許多成功廣告需要受眾一定程度的認知運作，比如有一句威士忌的廣告詞是：「… ngle ells, … ingle ells …歡慶佳節少了 J & B 就不一樣了。」（＊譯注：聖誕節來臨時經常播放歌曲〈Jingle Bells〉，這兩字的首字母剛好就是威士忌品牌 J & B，因此廣告詞說如果沒有 J & B，佳節〔歌曲〕就不一樣了。）

小艾德溫・林克的特殊裝置

一九三四年冬季，美國總統羅斯福碰到一個棘手問題：美國陸軍航空隊的飛行員接連失事喪生。據說他們是軍隊中技術最嫻熟、具備作戰能力的飛行員。二月二十三日，一名飛行員在紐澤西海岸降落時溺斃；另一名飛行員的飛機在空中翻筋斗，撞進德州一條壕溝裡喪生。三月九日分別在佛羅里達州、俄亥俄州、懷俄明州又有飛機失事，四名飛行員身亡。這些死亡都不是因爲戰爭，這幾名飛行員只是想在冬季暴風中飛行，運送美國郵件。

這些墜機事故可追溯到一樁企業醜聞。根據美國參議院的調查揭露，幾家承包載運美國郵件的商業航空公司之間，有一項牽涉數百萬美元的價格操縱計畫，因此羅斯福總統明快決定取消合約。總統指示航空隊補上空郵缺口，而航空隊的將軍們非常希望展現旗下飛行員的意願及勇氣。（他們也希望能做給羅斯福總統看，證明航空隊有資格獨立成爲一個軍種，地位跟陸軍和海軍一樣。）這些將軍對飛行員的看法絕大部分是正確的：飛行員確實很有意願，也相當勇敢。但是在一九三四年嚴酷的冬季暴風雪中，航空隊飛行員接連失事，二十天內累計九名飛行員喪生。三月十日上午，羅斯福總統在白宮召見航空隊指揮官班傑明・傅洛伊斯（Benjamin Foulois），總統嚴厲地說：「將軍，空郵失事什麼時候才能停止？」

這是個好問題，羅斯福總統或許該針對整個飛行員訓練提出這樣的問題。早期的飛行員訓練是基於一個信念：優秀飛行員是天生的，不是後天培養的。

大多數課程的訓練程序都相同：教官會帶學員上飛機，教官做出一連串翻滾動作，如果這個學員沒有吐，就表示他有能力成為飛行員，接著經過幾週的地面訓練後，逐步讓學員駕控飛機。學員的訓練方式就是開粗短機翼的飛機滑行，或「企鵝跳」，要不然就是直接起飛，然後祈禱別出事（「幸運林仔」[4]這個綽號其來有自）。

4 譯注：幸運林仔（Lucky Lindy）是對史上第一個不著陸飛越大西洋的飛行員查爾斯・林白（Charles Lindbergh）的暱稱。

這套訓練系統的效果並不理想。早期在幾個陸軍飛行訓練學校的死亡率接近二五％。一九一二年，十四名美國陸軍飛行員之中有八人失事喪生。到了一九三四年，科學與技術都精進了，但是訓練方式還是很原始。羅斯福總統面臨的問題——「空郵大災難」，後來迅速傳開，引發嚴厲的質疑：難道沒有更好的飛行訓練方式？

解答這個問題的人，誰都想不到：小艾德溫．林克（Edwin Albert Link, Jr.），來自紐約賓漢頓的鋼琴及管風琴工匠之子，從小在父親的製造廠工作。林克身材瘦削、鼻子尖挺，個性非常頑固，天生就是擅長拼裝機械的巧匠。十六歲時，他愛上飛行，花了五十美元向西德尼．卓別林（默片明星卓別林同母異父的哥哥）上了一堂飛行課。林克後來回憶道：「那一個小時裡，大部分都在做垂直迴旋、低空掠過眼前的一切。謝天謝地，我沒有吐。但是降落之前，我根本沒碰過操控桿。我心想，這種教飛行的方式真是爛透了。」

林克愈來愈著迷。他開始留連當地的飛行馬戲團，向人討教飛行技巧。林克的父親並不認可兒子對飛行的興趣，他發現兒子去做這些事，還曾經把他踢出管風琴製造廠。不過林克對飛行的興趣還是持續，最後他買下一架西斯納四人座飛機。同時，他喜歡拼裝機械的匠魂一直想著如何改進飛行訓練方式。一九二七年，在他向卓別林學飛的七年之後，林克付諸行動。他從管風琴製造廠借出風箱與氣動幫浦，建造了一部裝置，把一架飛機上的主要部件擠進一個只比浴缸大一點的空間。它配備一對粗短的機翼雛形、迷你機尾、儀表板，還有電動馬達能讓這部裝置依據飛行員的控制做滾轉、俯仰與偏航。機鼻有個小燈，當飛行員犯錯時就會亮起。林克把這個裝置取名為「林克飛行訓練器」，還刊登廣告：教授一般飛行與儀表飛行——也就是只靠儀表板在大霧及暴風等無法看清方向的狀況下飛行的能力。林克教會飛行員的時間只有一般飛行訓練時間的一半，價格也只要一般收費的零頭。

要說世人忽視了林克飛行訓練器，並不準確。事實上，大家確實都看到了，而且斬釘截鐵地說這絕對行不通。林克接觸過的人，包括軍事院校、私人飛行學校，甚至連飛行馬戲團，都對他的裝置沒興趣。畢竟，這種小孩子的玩具怎能用來學飛呢？連美國專利局這個權威機關也宣稱，林克的訓練器是「新奇、能賺錢

樣，而且還是光靠儀表板飛行！林克接著介紹他的訓練器。在玩家怪咖的力量竟然勝過軍方傳統的首例紀錄中，官員們了解到這部訓練器的潛力，下了第一筆訂單購買林克飛行訓練器。七年之後，第二次世界大戰爆發，必須盡快、安全地把數千名毫無飛行技能的年輕人訓練成飛行員，這個需求就由一萬部林克飛行訓練器來因應。截至二戰末期，總共有五十萬名飛行員花了數百萬小時在這部暱稱爲「藍箱子」的機器裡訓練。[5]一九四七年，美國航空隊更名爲「美國空軍」，林克繼續爲噴射機與轟炸機建造模擬飛行器，還爲阿波羅任務打造登月小艇。

林克飛行訓練器大爲成功的原因，跟你做畢約克填空字詞測驗的記憶得分多三倍，道理是一樣的。林克的訓練器能讓飛行員更深度練習，停頓、掙扎、犯錯，並從中學習。一個飛行員在林克飛行訓練器裡的幾小時裡，可以靠儀表板

5 美國軍方對於林克飛行訓練器的效能重視，顯然僅止於此。在二戰爆發之前的幾年，官方准許林克將數百部訓練器賣給日本、德國與蘇聯，使得後來交戰雙方在空中格鬥時勢均力敵。

「起飛」與「降落」十幾次，也能俯衝、失速、重新啓動，花好幾個小時在自己能力極限的甜蜜點，這是他在眞實的飛機上永遠無法冒的險。使用林克飛行訓練器的美國航空隊飛行員，並不比那些失事喪命的飛行員還要勇敢或聰明，他們只是有機會去做更深度的練習罷了。

這個深度練習的概念，在訓練危險工作時十分管用，例如：戰鬥機飛行員和太空人。不過，這個概念如果運用在其他技能上，就更有趣了，比如巴西的足球員。

巴西足球的祕密武器

英國足球教練賽門．克里佛（Simon Clifford）與世上許多球迷一樣，著迷於巴西球員不可思議的球技。不過他和大部分球迷不一樣的是，他決定去巴西一探究竟，發掘他們如何練就這些技巧。對克里佛來說，決定這樣做的野心是相當不尋常的，因爲他所有的教練經驗只是在英國里茲的一所天主教學校，當地並非足球天才的溫床。話雖這麼說，克里佛本人也不是泛泛之輩。他身材高大、長相俊美，渾身散發著傳教士或皇帝那種迷人魅力，以及什麼都不怕的自信。（二十出頭時，他在一場離奇的足球意外中受重傷，內臟受損、摘除腎臟。或許因爲如此，他每一天都懷著無比的熱情活著。）一九九七年夏天，克里佛二十六歲，向他所屬的教師工會借了八千美元，背著背包、一部攝影機，以及一本記滿從認識的巴西球員問來的電話號碼的筆記本，踏上前往巴西的旅程。

到了巴西，克里佛大部分時間都在探索稠密與廣闊的聖保羅市，晚上睡在蟑螂橫行的宿舍，白天潦草地寫下筆記。他看到許多預期之內的事：狂熱、傳統、非常有組織的訓練中心、訓練時間很長。（巴西足球學校的青少年球員每週練球二十四小時，英國青少年每週練習五小時。）他看到貧民窟的貧窮破敗，以及球員眼中那種不顧一切的拚命。

但是克里佛也看到意料之外的事：一種奇特的比賽。它很像足球賽——如果足球是在電話亭裡踢，而且嗑了安非他命的話。這種比賽用的球只有足球的一半大小，但重量比一般足球重兩倍，幾乎不會彈跳。球員不是在大草地上訓練，而是在籃球場大小的水泥地、木地板或泥地上。每隊上場球員只有五、六名，不是十一名。它的節奏和速度令人目眩，比較像籃球或曲棍球，而不是足球。它的動作包含：一連串非常精準的控球與快速傳球，攻守兩方不斷互換。這種比賽以葡萄牙文直譯意思是「室內足球」（futebol de salão），現代稱爲「五人制足球」（futsal）。克里佛說：「我很清楚，這就是孕育巴西足球技巧的源頭。我就像找到缺掉的一個環節。」

五人制足球是在一九三〇年由一位烏拉圭教練發明，原本是做爲雨天訓練的替代方案。巴西人很快就將它發揚光大，並在一九三六年制定出第一套規則，從此開始像病毒般散播，尤其是人口稠密的巴西城市裡，很快就在巴西體育文化中占據獨特地位。還有其他國家也玩五人制足球，但是巴西對它情有獨鍾，部分原因是這項運動到處都可以進行（對於很少有大草地的國家來說挺有優勢）。巴西小孩對五人制足球的熱愛，就如同美國貧民區孩童對鬥牛籃球的熱情。根據《五人制足球的歷史》（*History of Futebol de Salão*）作者文森・費格列多（Vicente

Figueiredo）表示，巴西是五人制足球正式比賽的霸主，三十八場國際賽事中贏了三十五場。但是數字只顯示了巴西在這項奇特的本土運動中投入的時間和心力。《巴西足球》（*Futebol: Soccer, the Brazilian Way*）作者艾利克斯．貝洛斯（Alex Bellos）提到：「五人制足球是巴西靈魂的孵化器。」

這個孵化器也反映在球員的自傳裡。從球王比利以降，幾乎每一個傑出的巴西球員小時候都在踢五人制足球，起先在自家附近社區，後來到巴西的足球學校，通常大約從七歲到十二歲，每週花三天踢五人制足球。一名頂尖的巴西足球員在這項運動上花的時間是數千小時。舉例來說，傑出的儒尼尼奧就說過，十四歲之前，他從來沒有在草地上踢過正常大小的足球；羅比尼奧在十二歲以前，有一半的訓練時間都是在踢五人制足球。[6]

6 五人制足球對於培養足球技巧所發揮的作用，請見兩次世界盃冠軍成員小羅納度的影片示範：www.youtube.com/watch?v=6180cMhkWJA。

聖保羅大學足球教授艾米里奧．米蘭達（Emilio Miranda）這樣的行家，就像釀酒師能找出一串好葡萄一樣，他在舉世聞名的巴西足球技巧中，也看出五人制足球的蛛絲馬跡。像小羅納度招牌的「牛尾巴」腳法，球在他腳下像溜溜球一樣撥進滑出，哪來的？正是源自五人制足球。大羅納度在二〇〇二年世界盃一記腳尖捅球破網，也是源自五人制足球。後腳跟射門、頭鎚傳球、高吊射門，全部都來自五人制足球。我跟米蘭達說：「我以爲巴西人鍛鍊足球技巧是因爲在海邊玩足球。」他大笑說：「新聞記者坐飛機來這裡，是去海邊照相，然後就寫報導。但傑出的足球員可不是來自海灘，而是五人制足球場。」

原因之一在於數學。根據利物浦大學的研究指出，五人制足球的球員碰觸球的次數遠高於一般足球球員——通常每分鐘多出六倍。球比較小又重，需要更精確的控球技術，就像教練所指出的，要擺脫嚴密防守，你不能光是把球踢到前場。最重要的是精準的傳球，講究的是角度、空間，以及與其他球員快速配合。控球與視野是關鍵，因此，五人制足球球員在標準球場比賽時，會覺得擁有廣闊的自由空間可以發揮。我與米蘭達博士在聖保羅觀看專業的戶外足球賽時，他會指出哪些球員踢過五人制足球，從持球方式就看得出來。這些球員不在乎對手靠得多近。米蘭達博士的結論是：「沒有時間、沒有空間，反而能練成更好的技巧。五人制足球是我們巴西球員即興發揮的實驗室。」

換句話說，巴西足球與世界其他國家的足球不一樣，因爲巴西使用了相當於林克飛行訓練器的運動版。五人制足球把足球基本關鍵技能放進一個小箱子，把球員放在深度練習區域，犯錯、糾正，對眼前問題不斷提出解決方法。比起場地廣闊、球會彈跳的室外足球比賽，五人制足球的球員碰觸球的次數多出六倍，這樣他們通常能在不知不覺中學得更快。（至少在我心裡，在室外球場馳騁的球員就像克萊瑞莎順順地吹奏〈藍色多瑙河〉一樣）。在此要澄清的是，五人制足球並不是巴西足球強大的唯一理由。其他理由經常被提及——氣候、熱愛、貧困等也很重要。但是五人制足球是一個槓桿，其他因素透過它發揮威力。

克里佛看到五人制足球時非常興奮。他回到英國，辭去教師一職，在自家的一間空房成立「國際五人制足球聯盟」，並爲小學及中學年紀的孩子開發了一門足球課程，他稱之爲「巴西足球學校」。克里佛根據五人制足球的動作，建立一套精心設計的訓練。大部分學員來自里茲的貧困地區，他們開始模仿濟科與小羅納度的動作。爲了營造出對味的氛圍，克里佛還會用手提音響播放森巴音樂。

讓我們後退一步，以客觀眼光看看克里佛所做的事。他正在做一項實驗，要看看巴西這個孕育百萬名腳的天才工廠，是否能透過五人制足球這個孩子氣的小型球賽，移植到完全不同的國度。他賭的是，開辦五人制足球，可以把巴西耀眼的魔法光芒的核心，帶到灰濛濛又冷颼颼的英國里茲。

里茲市民聽到克里佛的計畫時，覺得有點意思。等到親眼看到這個足球學校實際運作時，眼前的景象讓他們差點笑死：幾十個膚色蒼白、臉紅脖子粗的約克郡小孩，在森巴音樂的伴奏下，踢著沉重的小足球，學習花俏的腳法。這很好笑，但只有一件事除外——克里佛是對的。

四年後，克里佛旗下的十四歲以下團隊打敗了同齡的蘇格蘭國家隊，接著又打敗同齡的愛爾蘭國家隊。克里佛帶領的這群里茲小球員有個後衛名叫米卡·李察士（Micah Richards），後來效力於英格蘭國家隊。克里佛的巴西足球學校已經擴大到全球十幾個國家。克里佛說，未來還會出現更多足球新星。

第2章

深度練習細胞

我一直認為，除了傻子之外，

人與人之間的差別並不是智力，而是熱誠和努力。

——達爾文

安裝天然的寬頻網路

深度練習是強有力的觀念，因爲它似乎非常神奇。克萊瑞莎一開始像個普通音樂學生，然後在六分鐘之內她做到相當於一個月的練習。完全缺乏技能的飛行員爬進林格飛行訓練器中，不到幾小時再現身時已具備新能力。目標清楚的努力，可以使學習速度提高十倍，這聽起來很像童話故事裡一把小種子長成有魔法的藤蔓。不過，奇怪的是，這株魔法藤蔓竟然與神經科學的事實相差無幾。

在我探訪天才密碼的旅程早期，就有人介紹一種微觀物質「髓鞘」。[1]【圖表2-1】就是髓鞘的模樣。

髓鞘的副作用之一，就是讓嚴肅的神經學家面露微笑、張口結舌，就像探險家剛踏上一片大有可爲的廣袤新大陸一樣。其實神經學家也不想這樣——他們盡力維持學者的認眞嚴肅風範，但髓鞘讓他們破功了。了解髓鞘，改變了他們看待世界的方式。

美國國家衛生研究院發展神經生物學實驗室主任道格拉斯・費爾茲博士（R. Douglas Fields）說：「那種感覺是，哇！——不得了。雖然還早，但是未來相當有看頭。」

「這是革命性的。」神經學家巴茲佐奇斯對我說，髓鞘是「說話、閱讀、學習技能、身爲人類的關鍵」。

我和大部分人一樣，以爲學習技能與身爲人類的關鍵在大腦裡的神經元，就是互相連接的神經纖維網與著名的神經突觸，神經透過突觸來連結與傳遞訊息。但是，費爾茲及巴茲佐奇斯等人告訴我，雖然他們還是認爲神經元與突觸非常重

1 會知道髓鞘的原因是，我為《Play：紐約時報運動雜誌》寫一篇關於天才產地的文章時，偶然讀到二〇〇五年一篇論文的注腳，這篇論文題目是〈大量鋼琴練習對大腦白質發展有區域性特定功效〉，我聯絡了研究髓鞘的學者，在第一次交談十秒鐘之內，就聽到一個神經科學家以「頓悟」來形容髓鞘。

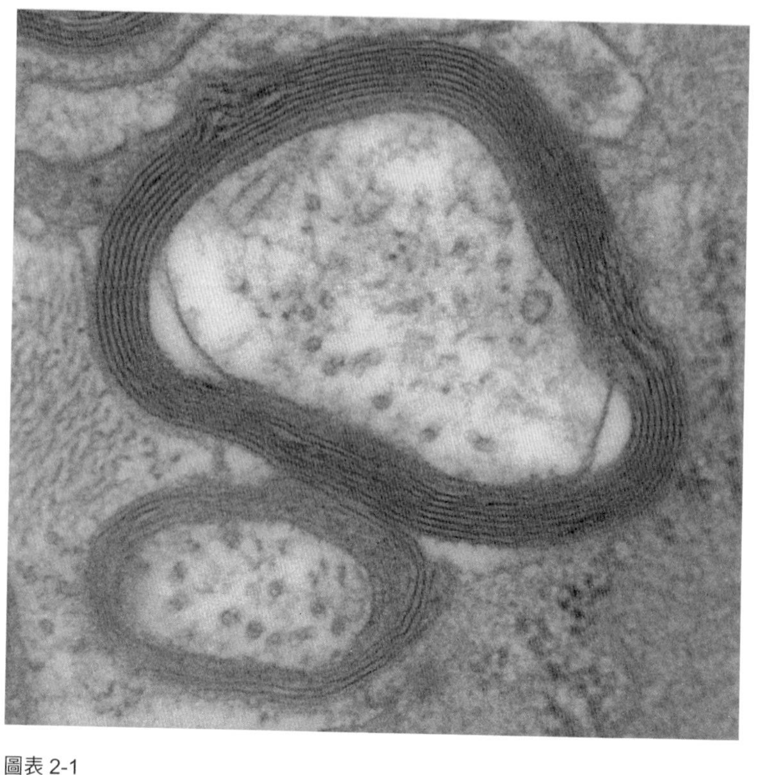

圖表 2-1

造就天才的物質：兩條包覆著髓鞘的神經纖維剖面圖。這張影像是在神經生長過程的早期被拍下的。在某些神經纖維上，髓鞘的絕緣層可達到五十層。

圖片提供：美國國家衛生研究院道格拉斯．費爾茲與路易斯．戴伊

要，但傳統上以神經元爲中心的世界觀，已經徹底改變了，就像哥白尼那樣顚覆式的觀念革命。髓鞘這種看起來平凡無奇的絕緣層，竟然是大腦運作的關鍵，特別是在學習技能上。

這個革命是建立在三個簡單的事實上：

①人類的每一個動作、思考或感受，都是算準時間透過一連串神經元的電子訊號——也就是神經纖維迴路。

②髓鞘是包覆這些神經纖維的隔絕層，它可以增強訊號的強度、速度，以及準確度。

③我們對特定神經迴路觸發愈多，髓鞘就會更優化該迴路，我們的動作或思考就會變得更強、更快、更流暢。

費爾茲談到突觸時說：「神經元不管做什麼都很快，就像輕按一下開關那樣，瞬間就發生了。但是輕按開關不是很多事情的學習方式。學鋼琴、下棋、棒球，這些都要花很多時間，而這正是髓鞘擅長之處。」

巴茲佐奇斯說：「厲害的運動員做訓練動作的時候，會做什麼事？他們順著神經纖維，精確發送脈衝，進而發出訊號讓髓鞘包覆神經纖維。經過訓練，他們就有一條超級網路——頻寬很大、速度很快的T3線路。這就是爲什麼他們能與眾不同。」

我問費爾茲，髓鞘會不會和天才產地的現象有關？

他一點都不遲疑地說：「我的預測是，南韓女子高球選手的髓鞘，平均來說，比別的國家的選手還要多。她們在大腦的正確部位和正確的肌群有比較多的髓鞘，這就讓她們能優化迴路。其他群體也是這樣。」

「老虎伍茲呢？」我問。

費爾茲說：「老虎伍茲一定是的，這傢伙的髓鞘可不少。」

像費爾茲這樣的研究者之所以被髓鞘吸引，是因爲髓鞘有望讓他們了解學習與認知障礙的生物根源。但是，對於我們的旅程目的來說，髓鞘把好幾個天才產地彼此連接起來，也把你我連結起來。

髓鞘與人類技能之間的關係，就猶如板塊與地質學，或者是自然天擇與進化論的關係。髓鞘以其簡潔的機制，解釋了這個世界的紛呈複雜。**技能是包覆在神經迴路的髓鞘，它會對特定訊號做出反應而增長**。技能與天才的故事，就是髓鞘的故事。

克萊瑞莎沒有感覺到，但是她深度練習〈金婚式〉時，就是在刺激與優化神經迴路，並促使髓鞘增長。

美國航空隊的飛行員在林格飛行訓練器中深度練習的同時，也在刺激與優化神經迴路，進而增長髓鞘。

小羅納度和大羅納度踢五人制足球時，比在室外比賽時更頻繁、更精確地刺激與優化神經迴路，他們也生成更多的髓鞘。

就跟任何大頓悟一樣，髓鞘的重要性撼動了許多舊觀念。我拜訪過費爾茲等研究髓鞘的科學家之後，覺得自己好像戴上一副 X 光透視眼鏡，以全新的方式來看這個世界。

不只在天才產地可以看到髓鞘的原則發揮作用，連我小孩的鋼琴練習課、我太太剛迷上的曲棍球，還有我竟然開始唱起卡拉OK。[2]這種感覺超棒的，清楚易懂的機制取代了盲目猜測或巫術。模糊的問題，一下子就有了焦點。

問：為什麼目標清楚、著重在錯誤的練習會這麼有效呢？

答：因為建立神經迴路最棒的方式就是觸發它，關注錯誤，然後再觸發它，一次又一次。努力掙扎不是可有可無的選項，而是生理上的必要需求。

問：為什麼天才的關鍵是熱情與毅力？

答：因為髓鞘要厚厚包覆在一條神經迴路的四周，需要非常多的精力及時間。對一件事如果你不熱愛，就永遠不會付出足夠的努力成為傑出的人。

問：登上卡內基表演廳的最佳方式是什麼？

答：「髓鞘」那條路直直走。

我自己走上髓鞘這條路，始於美國國家衛生研究院發展神經生物學實驗室的一個保溫箱。這個保溫箱與小冰箱差不多大，發亮的架子上放了好幾排培養皿，裝著看起來像運動飲料的粉紅色液體。這些液體裡面有鉑電極（platinum），會放出微弱的電流，傳到老鼠的神經元上，神經元上覆蓋著一層泛著珍珠白的物質。

「就是這個。」費爾茲博士說：「就是它。」

五十四歲時的費爾茲是個肌肉發達、充滿活力的男人，他笑容開朗、步伐輕

2 這也可以從有些環法自行車手的技能觀察到。先前為了寫書，我花了一年採訪藍斯．阿姆斯壯，那時他正在準備一場被公認是全世界最困難的比賽。當然，環法賽對體能要求是相當獨特的，但是阿姆斯壯在心理素質的練習方法，包括瘋狂專注在失誤、極力想把比賽的每個面向最佳化、對於將自己（和他人）的能力推向極限躍躍欲試。光是他的例子，就在在顯示出深度練習的威力。

盈，最早是學海洋生物學，現在掌管的實驗室有六個人、七個房間，實驗室裡配備斷斷作響的氣體瓶罐、發出微弱茲茲聲的電子儀器、一束束電線和管子，看起來像極了一艘整潔有效率的船。而且費爾茲有一種船長的習氣，就是把非常興奮的時刻講得再正常不過；愈是興奮的事，愈是被他講得好像很無聊。比如他跟我說，兩年前的夏天他花六天去優勝美地攀岩，約一千公尺高的酋長岩。我問他，離地數百公尺用繩子吊著睡覺是什麼感覺。費爾茲的表情一點都沒改變，好像講的是去雜貨店買個東西似的：「其實並沒什麼不同，人會適應。」

費爾茲伸手到保溫箱裡，拿出其中一個粉紅色培養皿，放在顯微鏡下。他輕輕說：「看一眼吧。」

我俯身，以為會看到像科幻片與魔術之類的景象。不過我看到的是像義大利麵那樣的線條纏在一起，費爾茲告訴我，那是神經纖維。髓鞘比較難看到，它附著在神經元邊緣，微微起伏的波浪狀。我眨了眨眼，再次集中注意力，很難想像這東西怎麼會是莫札特和麥可·喬丹的共通點，或者是我打高爾夫球進步的關鍵。

幸好費爾茲博士是個好老師，我們在此之前幾天的談話中，他已經對我解釋

圖表 2-2

理解髓鞘和技能的兩個原則。與他交談，就像與其他神經學家說話一樣，感覺猶如攀岩：需要流點汗，但是會得到新觀點，讓你看得更遠。

首先，有用的大腦科學見解第一條：**所有行動其實都是沿著神經纖維鏈傳送的電脈衝的結果。**基本上，我們的大腦裡有一束一束、一千億條稱爲「神經元」的線路，透過神經突觸互相連結。你做事的時候，大腦會透過這些神經纖維鏈送出一個訊號，傳到你的肌肉。每當你練習任何事時，比如哼一段歌曲、揮棒、讀這個句子，各自有一條相當特定的迴路會亮起來，有點像一串聖誕燈泡那樣。即使是最簡單的技能，像是網球反手拍這個動作，牽涉到的迴路是由數十萬神經纖維和突觸所組成。

基本上，每一條迴路看起來就像【圖表2-2】。

輸入，就是我們做出某個動作之前所發生的一切：看到球、感覺到手上球拍的位置、決定揮拍。輸出則是動作表現本身：訊號讓肌肉在正確時機以適當力氣做出動作，跨步、扭轉髖部、肩膀和手臂。

你做出反手拍動作（或是奏出A小調和弦，或是走一步棋），有一股電脈衝通過這些纖維，就像電壓通過電線一樣，觸動其他纖維。關鍵在於，這些迴路不像我們的肌肉那樣無意識、只是遵守號令而已，它們是真正控制人類每個動作、思考及技能的中心。深入來看，神經迴路**就是**動作：它精確主導著每一條肌肉收縮的力道與時機，每一個思考的形貌和內容。緩慢遲鈍又不可靠的迴路，代表緩慢遲鈍又不可靠的動作。相對的，迅速、同步的迴路，表示迅速與同步的動作。運動教練的用詞「肌肉記憶」，其實說的就是迴路。我們的肌肉就像不用細線操縱的木偶。費爾茲博士說，我們的技能都在神經迴路裡。

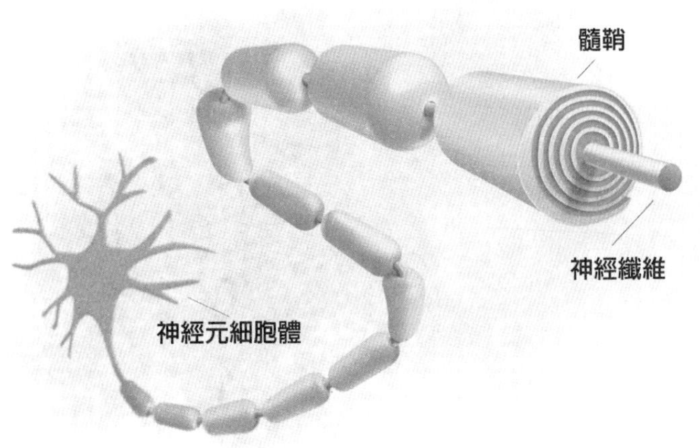

圖表 2-3
繪圖：吉姆·葛蘭傑（Jim Gallagher）

有用的大腦科學見解第二條：**一條技能迴路愈發展，我們就愈不會察覺到自己正在使用它**。讓技能自動化是人的本能，好讓這些技能存放在潛意識中。這個過程稱爲「自動性」，它的存在有很強大的演化理由（我們在無意識狀態下執行的處理愈多，就愈有機會注意潛伏在草叢裡的劍齒虎）。這也創造了一種很有說服力的假象：一旦學得某種技能，會覺得非常自然，好像我們本來就會。

這兩條見解——技能是大腦

神經迴路與自動性——創造了一種矛盾的組合：我們永遠在建立錯綜複雜的龐大迴路，同時也忘記自己正在建造它。這就是髓鞘發揮作用之處。

如果說髓鞘看起來很無趣，這還太過褒獎它。髓鞘不只是看起來無趣而已，它看起來是超級無敵、毫不留情、驚人的單調。如果說大腦裡的神經結構像《銀翼殺手》電影中的高樓城市，到處是目眩閃光與飛馳的脈衝，那麼髓鞘的角色就是不起眼的柏油路，它是統一、看似沒有生命力的基礎建設。髓鞘是由一種名爲「磷脂膜」的物質組成，這種高密度脂肪就像電線膠布那樣包裹著神經纖維，阻絕電脈衝外漏。包起來之後的形狀長長圓圓的，不只一位神經學家毫無詩意地形容它像「香腸」。

儘管髓鞘及其支持細胞（稱爲白質），占了大腦質量超過一半，但早期研究大腦的學者爲自己的新興學科取名時，神經元顯然地位比較高，因此他們自信地把這個學科命名爲神經學。一百年來，研究者把注意力集中在神經元和突觸，而不是髓鞘這種看似沒有生命力的絕緣物質。研究髓鞘的主要焦點是放在多發性硬化症，以及其他會摧毀髓鞘的自體免疫疾病。其實研究者也沒有錯，神經元和突觸確實能解釋絕大數的心理現象：記憶、情緒、肌肉控制、感官知覺等等。但是有一個關鍵問題是神經元無法解釋的：爲什麼人要這麼久才能學會複雜的技能？

最初揭示髓鞘作用的線索之一，是在一九八〇年代中期一項牽涉到老鼠和玩具自卸卡車的實驗。伊利諾大學的比爾・葛林諾（Bill Greenough）以不同方式養了三組老鼠。第一組老鼠，每隻都和其他老鼠隔離，每隻都放在一個塑膠大鞋盒裡。第二組老鼠全都一起養，也是養在塑膠鞋盒裡。但是第三組老鼠則是養在豐富的環境中，周圍有其他老鼠還有一堆玩具，老鼠按照本能會去玩玩具，甚至玩到會操作玩具自卸卡車的傾卸桿。

兩週之後，葛林諾解剖這些老鼠的大腦，發現在豐富環境中的老鼠，神經突觸數量比其他兩組多出二五%。葛林諾的研究成果獲得廣泛接受，協助建立了大腦可塑性的觀念，尤其是大腦發展有一段關鍵期，這時候大腦成長與環境息息相關。但是，葛林諾的研究埋藏著第二個發現，卻被科學界忽視了。豐富環境中成長的老鼠大腦，還有另一樣物質也成長了二五%，那就是白質——髓鞘。

葛林諾說：「我們一直忽視髓鞘。每個人都以爲它只是旁枝末節。但是後來漸漸清楚，原來那裡發生很重要的事。」

不過，神經元和突觸繼續得到許多研究關注，直到大約二〇〇〇年，有一項強力的新科技叫做「擴散磁振造影」讓神經科學家可以測量與定位活體髓鞘。研究者突然開始把髓鞘的結構缺陷連結到許多失調症狀，包括閱讀障礙、自閉症、過動症、創傷後壓力症候群，甚至包括病態的說謊。許多研究者的焦點放在髓鞘與疾病之間的關聯，不過有另一組人對於髓鞘在正常人、甚至高功能個體中所扮演的角色感興趣。

接下來出現更多研究。二〇〇五年，費德利克·烏仁（Fredrik Ullen）掃描鋼琴演奏家的大腦，發現練習時數和白質之間有直接正比關係。二〇〇〇年，托克爾·克林貝里（Torkel Klingberg）確認閱讀能力與白質增加的關聯。二〇〇六年，赫蘇斯·普約爾（Jesus Pujol）也在字彙發展上得出相關結論。二〇〇五年，辛辛那提兒童醫院研究四十七名年紀五至十八歲的正常孩童，發現智商提高與白質組織及密度增加有相關。

費爾茲博士等其他研究者，則是發現髓鞘增加的機制。二〇〇六年他刊登在

《神經元》期刊的研究報告中描述，寡突細胞和星狀膠細胞這類支持細胞察覺神經纖維受到刺激，然後它們的反應就是在這條神經纖維上包覆更多髓鞘。神經觸發愈多次，髓鞘包覆愈多層。髓鞘包覆愈多，訊號傳遞愈快，比起沒有包覆髓鞘的神經纖維，訊號傳遞速度增加一百倍。

研究愈來愈多，漸漸融合成一個新觀點。髓鞘雖然是基礎建設，但它有個特點，影響很大：在大腦這個廣闊的都市叢林中，髓鞘悄悄地把狹窄小巷變成了寬闊、閃電般快速的高速公路。神經傳導速度以前可能是每小時三公里，有了髓鞘加持，速度提高到每小時三百二十公里以上。不反應期（一個訊號到下個訊號所需的等待時間）縮短到原來的三十分之一。增加速度並減少不反應期的狀況下，資訊處理速度可加快三千倍，這是名副其實的寬頻。

更值得一提的是，髓鞘可以調節速度、加速，有時甚至可以讓訊號慢下來，這樣可以在最佳時間將訊號送到神經突觸。時機很重要，因爲神經細胞是二元運作的：不是觸發，就是不觸發，沒有灰色地帶。要不要觸發，取決於送進來的電脈衝是否大到超過發動的門檻。爲了解釋時機的影響，費爾茲要我想像一個技能迴路，裡面有兩個神經元必須將它們的電脈衝結合起來，好讓第三個門檻比較高的神經元發動，才能做到某個動作，比如揮桿。但是，難就難在這裡：為了結合得剛剛好，這兩個送進來的電脈衝必須幾乎在同時間抵達——有點像兩個矮個子衝向一扇沉重大門去推開它。需要的間隔只有大約四毫秒，或者大約是蜜蜂振翅一次的一半時間。如果這兩個先發訊號抵達的時間相差超過四毫秒，沉重大門還是會關著，第三個關鍵神經元不會發動，那顆高爾夫就會亂飛。費爾茲說：「大腦具有非常多的連結與可能性，基因沒辦法在神經細胞裡寫好程式，精確掌握時機。但是我們可以建造髓鞘來做到這一點。」

雖然優化的精確機制目前仍然是一個謎，但是費爾茲的理論是，有一套回饋迴路在運作，它會對輸出進行監控、比較、整合——全部綜合之後，就會形成一個達爾文也會滿意的漂亮過程：觸發神經，髓鞘隨之增長；髓鞘控制電脈衝速度，而電脈衝速度就是技能。費爾茲和其他神經學家強調，髓鞘並沒有讓神經突觸變不重要；正好相反——神經突觸的改變仍然是學習的關鍵。但是，對於學習表現，髓鞘就扮演舉足輕重的角色。費爾茲說：「訊號必須以正確速度傳送、在

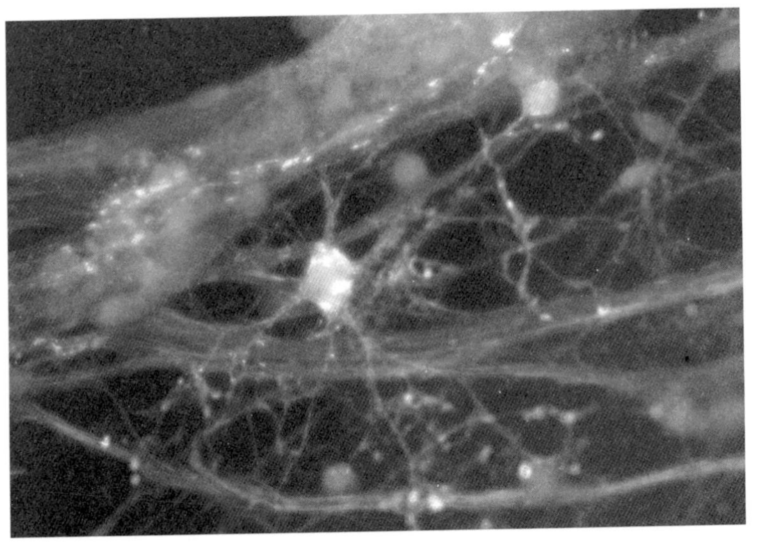

圖表 2-4
這就是學習發生的瞬間，當神經迴路觸發時，寡突細胞伸出觸角，開始用髓鞘包覆神經纖維。人類技能就這樣誕生。
資料來源：道格拉斯．費爾茲，"White Matter Matters", *Scientific American* (2008), p.46

正確時間抵達，髓鞘包覆就是大腦控制這個速度的方法。」

從費爾茲博士眼裡看來，髓鞘理論令人印象深刻。但是令我念念不忘的，是他接下來讓我看到的畫面：一瞥深度練習的大腦。我們走在狹窄的長廊來到他同事的辦公室，看到類似法國科幻小說之父朱利．凡爾納所描繪的海底景象：黑色田野中發出綠光的形體，像烏賊般的觸角伸到細長的纖維上。費爾茲告訴我，這些烏賊就是寡突細胞，實驗室術語叫它「oligos」，就是這些細胞產出髓鞘。當有條神經纖維被觸發時，寡突細胞感覺到了，就抓住這條纖維開始纏繞。寡突細胞就會擠出本身的細胞質，每個觸角都會捲曲、延伸，直到包成一層薄如玻璃紙的髓鞘。這些還附著在寡突細胞的髓鞘，會以超乎尋常的精確度繼續在神經纖維上一層又一層包覆；它朝著纖維兩端呈螺旋狀纏繞，形成那獨特的香腸狀，猶如一個有螺紋的螺帽套在神經纖維上。

費爾茲說：「這是細胞對細胞最複雜、最精細的過程。而且這個過程很慢。每一個包覆都要纏繞神經纖維四、五十圈，大約花幾天或幾週時間。想像一下，這樣的包覆過程發生在一整個神經元，然後到有數千條神經的整個神經迴路。這會像包覆一條跨大西洋的電纜。」[3]

所以，簡單來說就是：每次深度練習時，無論是用九號鐵桿揮桿、彈吉他和弦，或是下棋開局走步，我們都在慢慢建置神經迴路裡的寬頻。我們送出訊號，那些寡突細胞的綠色小觸角察覺到之後，做出的反應是伸向神經纖維，抓住、擠壓、再做另一層包覆，把髓鞘加厚，在線路上建立更多絕緣，在這條技能迴路上加大頻寬與精確度，也讓技能與速度逐步增添。努力掙扎不是可有可無，而是神經學上必要的步驟：爲了讓你的技能迴路達到最佳狀態，以定義上來說，你必須以「次優狀態」觸動技能迴路；你必須犯錯，而且注意到自己所犯的那些錯；你必須慢慢教自己的迴路。你也必須持續刺激這條迴路，也就是練習，這樣髓鞘才能適當發揮功能。畢竟，髓鞘是一種活生生的組織。

歸納重點：「熟能生巧」這句話該改寫了。事實是，「熟」生成更多髓鞘，髓鞘才能生「巧」。而且，髓鞘的運作是基於幾項根本原則：

3 要理解髓鞘在技能發展上的作用，還可以透過一個比較陰暗面與真實的方式，那就是攻擊髓鞘的疾病。英國大提琴家賈桂琳．杜普蕾在二十八歲時莫名喪失演奏能力，八個月後被診斷出多發性硬化症。這種疾病可以說剛好與技能學習相反，因為它會摧毀髓鞘，可是神經元之間的連結大部分還在。

① **觸發迴路是最重要的：**建立髓鞘並不是靠誠心祝福、模糊的概念，或是充斥在我們四周的資訊。這套機制建立在對行動的反應，那就是通過神經纖維的電脈衝。接下來幾章我們會討論可能的演化理由，但是現在我們只要記得，深度練習有助於達到一種最佳狀態，人在這種狀態中全神貫注、求知若渴、專心致力，甚至是不顧一切。

② **髓鞘是普世皆然的：**髓鞘的運作適用於所有技能。髓鞘並不「知道」是被用在擔任游擊手，還是演奏舒伯特：無論什麼用途，髓鞘生長都是根據同樣原則。髓鞘是「唯才是用」的，觸發到的迴路就會被包覆起來。如果你搬到中國，髓鞘就會包覆那條幫助你學說中文的神經纖維。換另一個方式說，髓鞘並不在乎你是誰，它在乎的是你在做什麼。

③ **髓鞘只會包覆，不會解開包覆：**就跟鋪馬路的機器一樣，髓鞘形成是單向的。一旦技能迴路被包覆起來，這層絕緣就不會解開（除非是老化或疾病）。這就是爲什麼習慣很難改變。改變習慣的唯一方法是建立新的習慣，也就是一再重複新的行爲，讓髓鞘包覆新的迴路。

④ **年紀很重要：**兒童時期髓鞘形成有好幾波，有的取決於基因，有的取決於活動。這幾波成長會持續到三十歲，這段時期大腦特別能學習新技能。之後會髓鞘會持續正成長，大約到五十歲之後，才會走下坡。我們一輩子裡都保有生成髓鞘的能力，因爲寡突細胞大約有五%維持著未成熟狀態，隨時準備回應需求。但是任何在中年之後試著學習語言或樂器的人可以證明，必須花很多時間與努力才能建立必須的迴路，這也就是爲什麼世界級專家都是在年輕時就開始。這些人的基因不會隨著年紀增長而改變，但是髓鞘成長的能力卻會改變。

從某種程度上，髓鞘研究聽起來像一門奇特的新神經科學。但是另一個層面來說，髓鞘很類似另一個演化機制，那就是我們每天都在使用的肌肉。如果你以某個方式使用你的肌肉，比如試著用力舉起幾乎舉不起的東西，這些肌肉的反應就是變得更強壯。若以正確方式來觸發技能迴路，以深度練習的狀態試著做自己幾乎做不到的事，那麼你的技能迴路的反應就是更快、更流暢。

對於人們如何使用肌肉，觀點已經有所改變。在一九七〇年代之前，比較少人跑馬拉松或做健美運動，做這些鍛鍊、表現又很好的人，會被認爲擁有特殊天賦。當我們了解人類的心血管系統究竟是怎麼運作時，這種世界觀已經改變了：要增強心肺功能，把目標鎖定在有氧或無氧運動；要強化心臟和肌肉，就把自己逼到能力極限，比如提舉重量較重或試著跑更遠。結果證明，普通人利用演化機制的力量，也可以慢慢變成健美運動員或馬拉松跑者。

把技能想成肌肉，這需要很大的調整。你可能會說，我們必須建立一套新的理解迴路。過去一百五十年來，我們透過達爾文所啓發的基因和環境模式（也就是先天與後天），理解何謂天才。我們一直相信特殊天賦是基因授予的，而環境則提供了難得機會讓天賦可以發揮出來。我們看到像巴西足球場這樣偏遠貧困的天才產地上的成功，就直覺歸因於一個模糊的概念：弱者會更努力，也更渴望成功。可是這忽略了世界上還有其他地方數百萬窮人努力想在足球上功成名就。不過髓鞘模型顯示，特定天才產地會成功，不只是因爲那裡的人更努力嘗試，還因爲他們以正確的方式嘗試——更深度練習，獲得更多技能。我們看得愈仔細，愈明白那些天才產地其實不是弱勢。它們就像對抗歌利亞的大衛，找到正確的槓桿來對抗巨人。

安德斯・艾瑞克森的大冒險

髓鞘科學還處於早期發展階段。有個神經學家告訴我，直到幾年前，世界上所有髓鞘研究者人數加起來，塞進一間餐廳還綽綽有餘。費爾茲說：「說到髓鞘，我們所知的可能只有神經突觸的二%。我們身在最前線。」

這並不表示研究髓鞘的科學家沒有看到它巨大的潛力，也不是說新模型沒有影響到他們看待這個世界的方式。（費爾茲和我在他家玩撞球時，他說：「我沒有那麼常刺激玩撞球的髓鞘迴路。」）但是這確實表示，研究者熱切盼望有一個基礎廣泛的大型研究，可以好好探究髓鞘與人類技能學習之間的關係。

這個願望不小。理想的髓鞘研究範圍應該是包山包海。要在所有想得到的情境下，研究所有類型的技能。這可是一項堪比諾亞方舟的工程，需要有人像諾亞一樣埋頭栽進追蹤與測量每種技能，然後讓球員、藝術家、歌手、棋手、物理學家等排隊綿延數公里的人能進入這個超級大型研究。對目前還在忙著看培養皿的髓鞘研究者來說，這種宏大研究的概念簡直浪漫到無法抗拒，卻又相當不可思議。到底是什麼樣的人——什麼樣的狂熱諾亞——會做這種研究計畫呢？

安德斯．艾瑞克森（Anders Ericsson）就在此刻登場。艾瑞克森一九四七年生於瑞典斯德哥爾摩北郊，小時候崇拜著名的探險家，尤其是斯文．赫定（Sven Anders Hedin）。赫定可以說是十九、二十世紀之交斯堪地那維亞的印第安納瓊斯，才華出眾、魅力無法擋。身爲語言學家、考古學家、古生物學家、藝術家、地質學家，探險足跡遠至蒙古、西藏、喜馬拉雅。九死一生是家常便飯，還寫了許多備受推崇的著作。窩在郊區的小臥室裡，艾瑞克森讀著赫定的作品，憧憬著發現與探索自己的世界。

不過，長大一點之後，艾瑞克森的夢想遇到困難。世界大部分疆域似乎都已經被探索過了，地圖上原本空白的地點已經被填補。而且艾瑞克森不像赫定那樣才華洋溢。雖然數學還不錯，但是他在足球、籃球、語言、生物、音樂方面都不拿手。十五歲時，艾瑞克森發現自己滿會下棋，經常能在午休與同學下棋時獲勝。他似乎發現天賦所在了——不過只持續幾週。有個男同學本來是那群同學裡面下得最差的，卻突然進步神速，開始每次都能打敗艾瑞克森。這讓他氣瘋了。

艾瑞克森很好奇。「我真的一直在想，到底怎麼回事？我以前可以輕易打敗那個男同學，爲什麼現在他卻輕易打敗我？我知道他在鑽研棋藝，還參加西洋棋社團。但是，到底內在發生了什麼？從這時開始，我刻意避免不要擅長任何事，我漸漸變得比較著迷於研究專家，而不是自己變成專家。」

一九七〇年代中期，艾瑞克森在瑞典皇家理工學院學習心理學。當時心理學正處在尷尬的過渡期，橫跨兩個分歧的學派思想，一端是佛洛伊德與他那隱晦私密的潛意識衝動。另一端是史金納和眼光銳利的行爲科學家浪潮，在他們眼裡，人類是數學輸入與輸出的集合體。但是，世界正在改變。英國和美國的大學裡，一個叫做「認知革命」的運動正在開始。創立這套新理論的是一群背景各異的團體，有心理學家、人工智慧專家、神經科學家等等，他們認爲人類心智運作就像電腦，這電腦是由演化所設計的，而且它遵守某些普遍性的規則。就這麼剛好，瑞典當時正逢藝術及運動的黃金時代，有個瘦削的無名網球選手比約恩·伯格在溫布頓大賽獲勝、英格瑪·柏格曼享譽世界影壇、英厄馬爾·斯滕馬克稱霸滑雪項目、天團ABBA橫掃流行樂界。在艾瑞克森心中，這些四面八方的數據，給了他一直在尋找的——探索全新的領域。天才是什麼？普通人和成功人士之間有什麼不同？傑出究竟從何而來？

艾瑞克森說：「當時我正在找一個領域，讓我可以自由探索。人們如何達成偉大創舉，對此我很感興趣。在當時，這已經超出大家認定的正常研究範圍。」

艾瑞克森在一九七六年寫的論文是關於人們對自己心理狀態的陳述，主題是口頭報告的有用性，他把口頭報告做爲了解人類表現的工具。這個研究受到美國心理學家兼經濟學家赫伯特·西蒙的注意，他是認知革命的先驅，後來因爲他對決策所做的研究而得到諾貝爾經濟學獎。西蒙聘請艾瑞克森到美國，一九七七年，艾瑞克森和西蒙一起在匹茲堡的卡內基美隆大學工作，研究「人類解決問題」這個領域的幾項基本提問。

艾瑞克森的第一個研究計畫相當典型，他探索的是心理學最神聖的信條：短期記憶是一種與生俱來的固定特質。心理學家喬治・米勒（George Miller）一九五六年發表一篇很有名的論文，題目是〈神奇數字7，加2或減2〉，確立了一條規則是：人類短期記憶只能記得七件不相干的資訊（因此貝爾電話公司把電話號碼設定爲七碼）。這條限制被稱爲「頻道容量」，而且大家相信它就跟身高或鞋子尺碼一樣是不會變的。

艾瑞克森以最簡單可行的方式測試米勒的理論。他訓練志願受試的學生增加記憶容量，要他們記得一連串數字，每個新數字會隔幾秒鐘出現。對科學界來說，艾瑞克森的實驗似乎很古怪，甚至可以說完全是瘋了，因爲這相當於試圖訓練那些人增加鞋子尺碼。他們認爲，短期記憶是硬體，七位數字就是極限，這是不會改變的。

艾瑞克森有個志願受試學生能記住八十位數字時，科學界不知道該怎麼想。在第二個學生能記得超過一百位數字時，米勒的數字7似乎被另一種神奇魔法取代了。艾瑞克森回憶道：「大家都驚呆了，無法相信並沒有一個全體適用的極限。但這是眞的。」

艾瑞克森的研究顯示出，當前的短期記憶模型是錯誤的。記憶力並不是鞋子尺碼，它可以透過訓練來提升。這時艾瑞克森醒悟到，他瞥見自己的英雄偶像赫定未曾探索過的疆域。如果短期記憶是沒有限制的，那還有什麼是受限的呢？每項技能都是一種記憶形式。滑雪冠軍滑下山坡時，使用的就是記憶結構，告訴她肌肉要在什麼時候做什麼。一個大提琴大師演奏時，他也用到記憶結構。這些人爲什麼不會受到同樣訓練效果的影響呢？

艾瑞克森說：「傳統理論認爲，記憶硬體有上限，但是如果人能透過訓練來轉化影響表現的機制，那我們就會來到一個嶄新的空間。這是生物的系統，不是電腦；它可以自我建構。」

就這樣，艾瑞克森展開一段長達三十年的天才國度之旅。他探索技能表現的所有面向，研究對象有護理師、體操選手、小提琴家、飛鏢手、拼字遊戲玩家、打字員，以及特勤小組成員。他並沒有測量這些人的髓鞘（他是心理學家，不是神經學家；而且，擴散磁振造影當時還沒有發明出來）。他切入一個同等重要的角度研究天才形成的過程：他測量的是練習，尤其著重在練習的時間和特性。

艾瑞克森與這個領域的同儕建立了一套卓越的研究基礎，寫在許多本書裡，其中一本是《聖經》厚度的巨著《專門技術及專家表現的劍橋手冊》（*Cambridge Handbook of Expertise and Expert Performance*）。核心主旨是一個堅實可靠的統計數字：每個領域內的專家，都是經過大約一萬小時專注練習的結果。艾瑞克森稱這種過程爲「刻意練習」，他對刻意練習的定義是：下功夫在技術上；持續尋求批評回饋；堅決專注於改善缺點。（就實務面來說，我們可以把「刻意練習」和「深度練習」視爲基本上是同一回事。不過，因爲艾瑞克森是心理學家，他的用詞指稱的是心理狀態，而不是髓鞘。在此一提，髓鞘這個想法是吸引他的。他對我說：「我覺得（髓鞘和技能）之間的關聯非常有趣。」）

艾瑞克森和西蒙、比爾．卻斯（Bill Chase）等等研究者驗證了幾項公認說法，例如：「十年規則」，這項早在一八九九年的有趣發現是，世界級的各領域專業（小提琴、數學、西洋棋等等）都需要大約十年全心投入練習（即使是令人驚嘆的西洋棋神童鮑比·費雪也要下九年的苦功，才能在十七歲時取得大師地位）。這項規則通常被用來決定理想的訓練起始年紀，比如網球女選手體能顛峰在十七歲，所以必須七歲就開始訓練；男孩的顛峰比較晚，所以九歲開始還可以。但是，「十年與一萬小時」這項規則也有更普遍性的意義。這表示，所有技能都是使用同樣的基礎機制建構的，而且這項機制牽涉到生理限制，沒有人能夠例外。

大部分人看艾瑞克森的研究會直覺反問：那天才呢？兒時的莫札特只要聽過一次就能寫出整首樂譜，這不是很有名的事蹟嗎？不是有些才子只要隨便走到鋼琴邊或拿起魔術方塊就能立刻表演嗎？

艾瑞克森與他的同事，以一疊無可辯駁的數字來回答。艾塞特大學的邁可·侯威博士撰寫《天才的奧祕》一書中估計，莫札特在六歲生日前，已經跟指揮家父親學音樂長達三千五百小時，因此莫札特的音樂記憶雖然令人驚豔，但這技能並非完全學不來。專才通常在清晰、有邏輯規則的專門領域中表現出色（例如：鋼琴和數學，而不是即興喜劇或小說寫作）。此外，專才通常已經在該領域內接受到大量薰陶，比如在家聽音樂。研究顯示，這些天才眞正的專業，來自於超級投入深度練習的能力，即使看起來好像並沒有在練習。艾瑞克森說得好：「並沒有什麼細胞類型是天才獨有，你我就沒有的。」

這並不是說，很多人都具有內發、執著的進步欲望，也就是心理學家艾倫·溫納（Ellen Winner）所說的「精通的狂熱」。而是說，這種具有自發性去做深度練習的人畢竟罕見，而且是明顯到不證自明。（經驗原則：如果你要問自己的孩子是否有「精通的狂熱」，那他一定沒有。）

如果把艾瑞克森的研究與新興的髓鞘科學放在一起看，我們就能得到某個接近萬用的技能理論，可以歸納成一個非常吸引人的簡潔公式：**深度練習×一萬小時＝世界級的技能**。但眞相是，生命是更複雜的。眞相是，最好借鏡這項資訊，讓我們弄清楚天才密碼是怎麼運作的，藉此揭開兩個遙遠世界之間隱藏的關聯，提出像這樣奇怪的探問：文學名家勃朗特姐妹與滑板好手的共同點是什麼？

第3章

勃朗特姐妹、Z男孩、文藝復興

優秀是一種習慣。

——亞里斯多德

荒原的三姐妹

在西方文化的浩瀚故事長河中，大多數關於天才的故事，都驚人地相似。故事通常是這樣的：在尋常不過的日常生活中，毫無預警地突然出現一個無名小卒。這孩子擁有神祕天賦，能畫畫、懂數學與物理、會打棒球，而且透過天賦改變自己與周遭人的命運。[1]

在所有天才少年的故事中，勃朗特姐妹的故事最難被打敗。維多利亞時代的英國小說家伊莉莎白·蓋斯凱爾在一八五七年出版的《夏綠蒂·勃朗特的一生》中奠定了故事的基本輪廓。情節是這樣的：英格蘭西約克郡哈沃斯的偏遠荒原中，一棟透風寒冷的牧師公館住著三姐妹，名叫夏綠蒂、艾蜜莉、安妮，她們沒有母親，牧師父親冷酷又專制；三姐妹都在年紀輕輕香消玉殞之前寫出驚人佳作。在蓋斯凱爾的筆下，勃朗特姐妹的故事是一個悲劇傳奇，最神奇的部分是，這些少女創作出好幾部英國文學中最偉大的作品：《簡愛》《咆哮山莊》《艾格妮絲．葛雷》《懷德菲爾莊園的房客》。蓋斯凱爾寫道，最能證明三姐妹不凡才華的作品，是她們兒時創作的一系列小小書，編造出玻璃城、安格利亞、貢達爾三個假想王國的奇幻故事。

蓋斯凱爾敘述：「有人交給我一個奇怪的包裹，裡面是一大疊手稿。那是幾乎無法想像的一方天地，有傳奇、戲劇、詩歌、愛情故事，主要是夏綠蒂寫的，

1 這種藝術家受到神聖力量啟發靈感的敘事方式，緊密羅織在西方的文化中，以至於大家很容易忘記，這種敘事以前是不存在的。義大利文藝復興以前，人們認為繪畫及雕塑技能是實用的手藝，相當於疊磚砌石或編織。但是，後來有一位畫家喬爾喬．瓦薩利發明出「英雄藝術家」這個概念。一五五〇年瓦薩利在《藝苑名人傳》書中說了一個故事：名叫喬托的流浪牧童，被人發現在一片田野中以磨尖的石塊畫出高超的素描，後來這個牧童成為文藝復興時代第一個偉大藝術家。別說這個故事沒什麼歷史根據，從髓鞘角度來看，其實，喬托在大畫家契馬布耶身邊當過學徒好幾年。瓦薩利的「出身卑微的小孩受到神聖力量啟發靈感」這種誘人的觀念（畢竟這種概念也有實用面的迴響），創造出令人著迷的故事，並且證明是歷久不衰，也被應用到許多其他領域。

如果沒有用放大鏡看，字體幾乎無法辨識……當她的創造力迸發時，想像和語言肆意傾瀉而出，有時候甚至接近精神錯亂的地步。」

小小書、精神錯亂、擁有超自然不凡天賦的少女——這些都是高張力的內容。蓋斯凱爾的書建立了一個堅實的參考，後來大部分的勃朗特傳記都忠實套用，部分原因是原始文獻付之闕如。蓋斯凱爾的敘事方式被運用在電影、舞台劇，還有一部道德意味濃厚的故事。蓋斯凱爾的敘事只有一個問題：它不是眞的。更精確地說，勃朗特姐妹的眞實故事更精采。

勃朗特姐妹的眞實故事，是由牛津大學歷史學家茱莉葉・巴克（Juliet Barker）發掘出來。她曾在哈沃斯的勃朗特故居博物館擔任六年館長，她搜尋當地與歐洲各地的資料，蒐集了大量大部分未曾考證過的珍貴素材。一九九四年巴克寫出一部長達一千零三頁的學術巨著《勃朗特姐妹》（*The Brontës*），有條有理地推翻了蓋斯凱爾建構的神話。

在巴克的著作中，一幅嶄新的樣貌躍然紙上。哈沃斯小鎮並不是什麼荒郊野外，而是頗爲繁忙的政商中心。勃朗特的家比蓋斯凱爾描述的更多彩多姿，藏書、當期雜誌、玩具應有盡有，一家之主的父親慈祥寬厚。但巴克徹底擊破的神話是：勃朗特姐妹是與生俱來的小說家。其實，她們兒時創作的幾本小書，不只是生澀而已——要考慮作者們當時年紀都很小，而且看不出任何天才跡象。三姐妹和兄弟布蘭威爾一起創作的小書，內容並不是原創，而是大膽抄襲當時的雜誌文章和書籍，主題是異國冒險和戲劇性的愛情故事，她們模仿名作家的筆法，還把人物角色原封不動抄過來。

對於勃朗特姐妹的小書，巴克的著作建立了兩個事實。首先，她們寫作的形式非常多樣，總共有二十二本小書，每本大約八十頁，每十五個月寫出一本。第二，她們的寫作雖然繁複且充滿幻想，但並不出色。[2] 巴克寫道：「直到二十歲

---

2 以下是一個早期的樣本：「一隻句大又可怕的怪物他頭碰到雲四周繞著紅色在燃燒的圈圈他的鼻孔噴出火和煙而且他包在摸胡不清的袍子裡。」諸如此類。讀著這些小書你會明白，對勃朗特姐妹來說，寫作根本上是一種社會互動，有點像在玩桌遊《龍與地下城》，不過當然勃朗特姐妹面臨的挑戰和擁有的特權是，全部內容她們都可以自己創造。

之前，她們的寫作草率，拼字錯誤百出、完全沒有標點符號，而且思想與人物刻劃也不成熟，這通常被（勃朗特姐妹的傳記作者）掩飾。這些少年時期作品的缺點，並沒有減損勃朗特姐妹年紀輕輕寫出文學巨著的成就，但是確實大大駁斥了她們是天生小說家的觀點。」

看待勃朗特姐妹，有一個更好的方式，那就是深度練習及髓鞘。她們早期寫作缺乏技巧，與後來達成的文學高度並不矛盾，反而應該說，這是不可或缺的必要條件。並不是說，因為剛開始寫作時青澀與抄襲，她們還是成為偉大的作家；而是說，正是因為她們願意花大量時間和心力在青澀與抄襲的寫作，才能在小小書這個封閉的安全空間裡建立髓鞘。勃朗特姐妹童年的寫作，是共同合作式的深度練習，她們藉此練就了說故事的肌肉。就如同侯威博士在《天才的奧祕》描寫勃朗特姐妹時提到：「事實上，書寫一個虛構世界是一項共同的活動，對這群作家是無上的樂趣。這是非常精采的遊戲，每個參與者對手足彼此最新作品都熱切吸收，並給予回應。」

寫一本書，即使是一本小小書，等於在玩一個特別形式的遊戲：要訂出規則，要遵守規則；要創造人物角色並建構它；要描述地景；必須絞盡腦汁想出敘事線，而且要順著走下去。以上每一個環節都可看做是一個獨特的動作，是一個與其他環節相聯繫的迴路。勃朗特姐妹們寫作時沒有父母盯著，沒有任何正式的壓力，這些小書的功能就像林格飛行訓練器，她們在裡面不斷觸發、磨練數百萬條迴路，繫出數千個作家打出來的結、然後又解開，創造出數百篇在藝術上完全失敗的作品，卻換得兩件事：每一篇作品都讓她們快樂，每一篇作品都默默讓她們多增添一點技能。**技能是包覆在神經迴路的絕緣層，它會對特定訊號做出反應而增長。**

艾蜜莉．勃朗特的《咆哮山莊》在一八四七年出版時，書評驚異於作者的原創性。這是一部充滿想像力、錯綜複雜的大師之作，主角希斯克里夫是個陰鬱的邊緣人，令人害怕卻又充滿魅力，唯一的救贖就是他對自由奔放的凱瑟琳的愛。不幸的是，凱瑟琳卻嫁給富裕、優雅的艾格加．林頓。書評們吃驚是對的，但是關於原創性，他們卻是錯的。在勃朗特姐妹童年時的小書潦草字跡中，就可以找到所有等待組裝的元素：朦朧詩意的風景——貢達爾、陰沉性格的主角——受洗後的裘利斯・布蘭贊達、固執任性的女主角——奧古斯塔・艾美達、富有的追求者——領主艾弗雷。如果從這個角度來看，就不會驚訝艾蜜莉・勃朗特能把故事寫得這麼好。畢竟，她已經花了不少時間對它做深度練習。

髓鞘與滑板好手

一九七〇年代中期，滑板世界被一群小孩搞得天翻地覆，他們自稱「Z男孩」。這群青少年瘦得像竹竿、皮膚曬得黝黑，來自加州威尼斯附近的衝浪店。Z男孩玩滑板的方式前所未見。他們用滑板做各種凌空旋轉動作，還會衝上人行道邊緣和樓梯扶手。他們帶著龐克風的感覺，如今被大家公認為滑板運動的共同語言。最有用的是，他們對於戲劇性時機的拿捏很有天賦，首次亮相是一九七五年夏天在加州德爾馬舉行的的滑板錦標賽。根據在場觀眾的說法，Z男孩是神祕的圈外人，這群骨瘦如柴的天才少年，爲向來安靜的滑板運動帶來的衝擊，有如成吉思汗橫掃歐亞大陸的威力。倫敦《衛報》對一部 Z 男孩紀錄片的評論是：

> 亞當斯順勢微蹲，抓住滑板兩端，一上一下跳起來，以瞬間爆發的能量在平台疾馳。這個影響已經很清楚了。在他的掌握下，滑板已經不是像網球拍那樣的運動器材，而是像電吉他這樣有衝勁、旁若無人、立即表達自我的樂器。

但是這種自我表達，事實上完全不是即興的。幾乎每個 Z 男孩都熱愛衝浪，在衝浪板上的時間加起來數百小時。沒有浪的日子，他們乾脆把自己有衝勁的低姿勢衝浪風格帶到街上。他們突然崛起的另一個原因比較偶然：一九七〇年代初，他們發現一個獨特工具，等於是髓鞘加速器，讓他們以驚人的速度強化神經迴路。這個工具就是空蕩蕩的泳池。

由於乾旱、火災，再加上房地產過度開發，加州貝萊爾與比佛利山這兩個社區到處都是閒置泳池。找出這些泳池很容易：Z男孩們沿著小路開車，有一個負責偵查的人就站在車頂，看看圍牆後面是否有閒置場地。在泳池的陡斜牆體上玩滑板，剛開始很難。起初幾次他們摔得很慘（更別說好幾次被驚訝的屋主發現後報警）。但是，一九七五年某個時間點，Z男孩成功飛上斜牆，在滑板運動史上，它堪稱萊特兄弟在小鷹鎮的首飛壯舉。

「我們碰到泳池之後，就認真玩了——最認真玩的活動。」史基普．恩格布洛姆（Skip Engblom）說。他是衝浪店的老闆，也是Z男孩的導師。「每次我們都要挑戰更大、更快、更久。我們就像拿到新畫布的畫家。」

在《滑板之王》（*Skateboard Kings*）這部一九七八年的英國紀錄片中，有一個名叫肯恩的滑板手描述這個經驗：

> 在泳池玩滑板絕對是最難的，它需要全身的協調，和其他滑板動作截然不同……但是我在泳池玩的時候，有些動作會突然心領神會，例如：我愈滑愈高，一直到最高點時，會感覺動作連得成不成功，然後知道會重摔，還是

跳到半空……你就只是在那裡練著，想把動作練成，你會感覺自己愈跳愈高，一旦控制得好，你就會完全豁出去了。

仔細想想肯恩描述的行動模式。游泳池的空間和形狀有其限制，迫使他的注意力聚焦在某些瞬間，以及某些連結動作能否成功。他不是跳得很高，就是摔得很慘，沒有灰色地帶，沒有含糊不清。一旦進入泳池，在陡斜的牆面玩滑板，Z 男孩得用新的遊戲規則來玩。從深度練習的觀點來看，閒置的空泳池創造了一個世界，就像勃朗特姐妹的小小書，或是巴西的五人制足球場。觸發了神經迴路，一再磨練這個迴路。犯錯、然後糾正錯誤。髓鞘茂盛生長，技能突飛猛進。**技能是包覆在神經迴路的絕緣層，它會對特定訊號做出反應而增長。**

在過去幾百年裡，西方文化理解與解釋「天才」，一直用「獨特身分」這樣的概念——宇宙那顆骰子翻滾，讓每個人都不一樣，但只有少數幸運兒才會格外特別。根據這種思維方式，勃朗特姐妹和 Z 男孩之所以成功，是因爲他們是特別的——天賦異禀的神祕外來者，命運之神眷顧的無名之輩。但是，以深度練習的角度來看，故事就不一樣了。獨特性仍然很重要，但是它的重要性在於，勃朗特姐妹和Z男孩所做的是建立驚人技能的必要之事：送出正確的訊號，一再磨練迴路，也就是一直寫出充滿幼稚故事的小小書，到處去找閒置泳池、花好幾小時在那裡滑上滑下與摔倒。其實，約克郡其他女孩可能跟勃朗特姐妹一樣活在封閉與束縛的環境，許多洛杉磯小孩也跟Z男孩一樣前衛與炫酷，但是**髓鞘不在乎你是誰，它只在乎你做的是什麼事**。

我們已經看到深度練習和髓鞘是如何使一小群人的才華發光發熱。現在讓我們把這些觀念運用到兩個稍微大一點的群體中。首先，我們來看義大利文藝復興時期的藝術家。接下來要看一個稍微大一點的群體——人類這個物種。

米開朗基羅制度

幾年前，卡內基美隆大學的統計學家大衛・班克斯（David Banks）寫了一篇短論文，標題是〈天才盛出的問題〉。他指出，天才並不是均勻分布於每個時空，而是常常成群出現。班克斯寫道：「我們可以問歷史學家一個最重要的問題：『某些時期和地方出現的天才，爲什麼會遠多於其他時代和地方？』令人尷尬的是，這個問題幾乎沒有被正視過……即使這個答案對教育、政治、科學及藝術產生驚人的影響。」

班克斯挑出三個主要偉大成就發生的時間地點：西元前四四〇年至三八〇年的雅典、西元一四四〇年至一四九〇年的佛羅倫斯、西元一五七〇年至一六四〇年的倫敦。這三個時地，最受矚目又留下最多資料紀錄的，就是佛羅倫斯。當時這個城市人口比現在美國奧克拉荷馬州的靜水城還少，但在短短幾十年之間大量產出世界上有史以來最偉大的藝術成就。只出一個天才，我們很容易理解；但是在兩代人的時間裡冒出了幾十個這樣的天才，到底是怎麼回事？

班克斯列舉出幾項一般對於文藝復興時代的看法：

- **繁榮**：有錢和市場來支持藝術。
- **和平**：帶來穩定，才能追求藝術及哲學進展。
- **自由**：解放藝術家，不受到政府或宗教控制。
- **社會流動**：有才華的窮人也能進入藝術領域。
- **典範作用**：帶進新的視野與媒介，創造出原創及表達的浪潮。

班克斯提到，這些似乎都言之成理，而且表面上看來，特別的好運將這些因素匯聚在一起，引發了文藝復興。可是他接著說，遺憾的是，這些因素的存在都與歷史紀錄相矛盾。雖然有社會流動，但是十五世紀的佛羅倫斯並不是特別繁榮、和平與自由。事實上，這個城市才剛剛從黑死病中復甦，也因爲有勢力的家族彼此激烈鬥爭而分裂，而且仍在教會的鐵腕統治之下。

所以，照一般想法繼續想下去，也許事實剛好相反。或許是因爲鬥爭、黑死病、處處設限的教會，所以才聚集了這些才能之士。但是這個邏輯也站不住腳，因爲還有很多其他地方也有這些因素，但並沒有出現像佛羅倫斯這樣的傑出藝術奇才雲集。

班克斯的論文清楚地說明，當你用傳統的天生／後天觀點來思考天才的相關問題時，會是無止盡的原地打轉。你愈是試圖想將浩瀚如海的種種可能原因提煉出關於獨特性的精華，相關證據就愈顯矛盾，你就愈會被推向一個看似不可避免的結論：天才是天生的，因此像文藝復興這樣的現象，是千年不遇的幸運。贊同這種理論的英國歷史學家保羅·約翰遜寫道：「天才突然憑空輩出與發聲，然後再消聲匿跡時一樣很神祕。」

現在，讓我們透過深度練習的稜鏡看看天才雲集的現象。髓鞘不在乎是否繁榮、和平或任何典範作用。它也不在意教會做了什麼事、誰死於黑死病，或者誰的銀行裡有多少錢。它著重的問題，就和對勃朗特姐妹和 Z 男孩的訴求一樣：佛羅倫斯的藝術家們做了什麼？他們是怎麼練習的？練習多久？

結果顯示，當時興起一個強大的社會發明，叫做工藝行會（craft guild），而佛羅倫斯正是工藝行會的中心點。行會的英文guild，字意是gold（黃金），是紡織工、畫家、金匠等等從業者自己組成的協會，目的是規範競爭與控制品質。行會就像員工擁有的公司。他們有管理層、要繳會員費，以及規定誰可以從事該工藝的政策。不過這些行會做得最好的是培養人才。工會建立在學徒制上，七歲左右男童被送到師傅身邊生活與學藝，大約五至十年。

學徒直接在師傅的照看與監管下工作，師傅經常也擔任這個孩子的法定監護人。學徒從基礎開始學這門手藝，他不是透過聽講或讀理論，而是透過實作：調顏料、準備畫布、磨雕刻刀。學徒在一個階層制度裡互相合作及競爭，幾年之後晉升為技師，接下來如果技能夠好，最後就能成為師傅。這個制度創造出師徒傳承：達文西師從韋羅基奧，韋羅基奧師從多納泰羅，多納泰羅師從吉貝爾蒂。米開朗基羅師從基蘭達奧；基蘭達奧師從博多維納蒂。這些人以一種既合作又競爭的方式，經常造訪彼此的工作坊，這種方式今天稱為「社群網路」。[3]

簡而言之，學徒們在一個以系統化生產卓越作品為基礎的世界裡，花了數千小時解決問題，不斷嘗試、失敗、再嘗試。他們的生活大概相當於一個十二歲的實習生，在史蒂芬·史匹柏的直接指導下度過十年，學習繪製場景、草繪分鏡腳本、架設攝影機。這樣的孩子將來有一天會變成傑出的電影導演，這根本不足爲奇，簡直可以說是無法避免，看看奧斯卡金獎導演朗·霍華就知道了。

我們來看看米開朗基羅的例子。在六歲到十歲時，他住在一個石匠家裡，在讀書識字之前就開始學習如何用鎚子和鑿子。在短暫不快樂的上學經歷後，他成了傑出的基蘭達奧門下的學徒。他參與過大型的委託案，可以在佛羅倫斯的大教堂中素描、臨摹與準備壁畫。之後，他受教於雕刻巨匠貝爾托多，也在統治者羅倫佐·德·梅第奇家中得到其他名家的指導，他在梅第奇家一直住到十七歲。米開朗基羅在二十四歲雕刻出《聖殤》之前，是個有前途但鮮爲人知的藝術家。

3 這個制度一直持續到十六世紀，此時強大的民族國家崛起，終結了行會，文藝復興時代的深度練習引擎也隨之停擺。

大家認爲《聖殤》是天才之作，但是創作者本人駁斥這種說法。米開朗基羅後來說：「如果人們知道我花了多少心力才有精湛技藝，就不會覺得《聖殤》多麼神奇了。」

布魯斯・柯爾（Bruce Cole）在《創作中的文藝復興藝術家》（*The Renaissance Artist at Work*）提到：「學徒制的學習時間很長，從年紀很小就開始熟悉各種材料、臨摹、合作，讓在各方面可能很普通的男孩，轉變成具備高度藝術技巧的人。文藝復興時代的人相信，藝術教學可以透過循序漸進的步驟傳授，從研磨色粉、臨摹、依據師傅的設計製作，再到開創自己的繪畫或雕刻。」

我們很容易認爲，傑出的文藝復興時代藝術家，是一個同質性很高的團體，但是其實他們就像其他隨機選擇的人群一樣，他們有的來自富裕家庭，有的出身貧窮家庭。他們也有著不同的個性、不同的老師與不同的動機。但是有一件事是相同的：他們都在深度練習的環境中花了數千小時，觸發迴路、優化迴路，糾正錯誤、競爭與增進技能。他們每個人都參與了一項最偉大的藝術工作，而這是任何人都可以建立的：建構自己的才能。

遇見髓鞘先生

曾任職加州大學洛杉磯分校的已故神經學家喬治·巴茲佐奇斯，五十多歲時的他，大部分時候看起來就是一個冷靜傑出的研究者與教師：穿襯衫、打領帶，頭髮梳得很整齊，舉止彬彬有禮。但是一說起髓鞘，他內心深處有什麼就會活起來。他的身體會熱切地向前傾，兩眼發亮、笑容燦爛，看起來好像會突然從椅子跳起來。他也不想這樣，但實在忍不住。在加州大學洛杉磯分校，他被稱為「髓鞘先生」。

「為什麼青少年會做出欠佳的決定？」他問了之後不等回答就說：「因為所有神經元都有了，卻沒有充分絕緣。在整個神經迴路完全絕緣之前，就算這個迴路具備功能，卻無法立刻改變當下發生的衝動行為。青少年會分辨對錯，但是需要時間才能想清楚。」

「為什麼有智慧的絕大部分是老人？因為老人的神經迴路是完全絕緣，而且立刻可以發揮作用；他們可以在許多面向做複雜處理，而這正是他們的智慧所在。大腦裡的髓鞘量會持續增加，直到五十歲左右；你也要記得，它是活的：它會分解，你也能重建它。像掌理國家或寫小說之類複雜的工作，通常是髓鞘建立最多的人做得比較好。」

「猴子跟人類一樣有各種神經細胞型態與神經傳導物質，爲什麼牠們不能像人一樣使用語言？」巴茲佐奇斯繼續說：「因爲人的髓鞘比猴子多二〇%。像我們現在這樣講話，需要處理大量資訊的速度，但猴子沒有寬頻網路。當然，你可以教猴子達到三歲小孩的溝通水準，但是在這之後，牠們用的線路差不多是銅線等級。」

巴茲佐奇斯繼續講，他提出更多問題，也提供更多答案，有些是已經有大量文獻的，有些則等待證明，但是他認爲很快就能得證。

爲什麼喝母奶的嬰兒智商更高？因爲母奶中的脂肪酸是構成髓鞘的成分。這就是爲什麼美國食品藥物管理局後來批准在嬰兒配方奶中添加 Omega-3

脂肪酸。這也是攝取富含脂肪酸的魚有助於降低記憶力衰退、失智症、阿茲海默症等風險的原因。所有案例讓我們學到的都是：髓鞘愈多，你就愈聰明。

爲什麼麥可．喬丹要退休？他的肌肉並沒有改變，但是他與其他人一樣，隨著年齡增長，髓鞘開始分解——雖然不是很多，但是送出脈衝的速度與頻率，無法讓他做到喬丹式充滿爆發力的動作。

爲什麼弱小的克羅馬農人能活下來，而體型更大、更強壯、腦容量更大的尼安德塔人卻滅亡了？因爲克羅馬農人的髓鞘比較多，他們的思考、溝通都更勝一籌，最終勝過尼安德塔人。（巴茲佐奇斯正在等待尼安德塔人牙齒的基因測試結果，他說這可能會證實他的假設。）

爲什麼馬一生下來就能走路，人類卻要花一年？馬生下來的時候，肌肉的神經已經有髓鞘包覆，神經線路也接通了，可以上路啓用。而嬰兒的肌肉在一歲之後才會有髓鞘包覆，而且只有透過練習，才會優化神經迴路（詳見第 4 章）。

在選擇髓鞘上，巴茲佐奇斯說：「演化所做的選擇，與任何網路工程師一樣。它是捨掉電腦大小，來換取網路頻寬。我不在乎你的電腦有多大，我要的是立刻可以用，這樣我才能完整處理事情，**現在就要**。跟網路一樣，立刻就能連到許多部電腦。我們的運作原則與Google是一樣的。」

巴茲佐奇斯最後說：「我們是髓鞘人。人就是由髓鞘建立的。這無法避免。」

我們是髓鞘人。這是很大膽的說法。它提出一個很可能是革命性、非傳統的另類思考方式來看待技能、才華，以及人類天性。不過，要眞正了解髓鞘先生的意思，我們首先必須回溯一下。

從達爾文開始，看待天才的傳統思考方式大概是這樣的：基因（先天）和環境（後天）共同造就了我們是什麼樣的人。[4]以這個觀點，基因是我們拿到的牌卡，環境是我們所玩的遊戲。每隔一陣子，命運就會將基因與環境完美結合，進而產生高水準的才華和（或）天才。

「先天/後天」一直是眾人普遍接受的，因爲它很清楚明瞭又生動，也能解釋自然世界中各種現象。但是要解釋天才的時候，就有個小問題了：這種說法含糊到簡直沒有意義。認爲基因和環境造就天才，就好比認爲餅乾來自糖、麵粉、奶油。雖然也沒有錯，但是這種解釋不夠細緻，也沒什麼用處。要超越這種過時的先天/後天模型，我們必須先了解基因實際上是怎麼運作的。

基因不是宇宙牌卡。基因是經過演化測試的說明書，建構了人這樣極其複雜的機器。它們包含用核苷酸寫成的藍圖，按照最小的細節建構出我們的思想和身體。設計和建構的工作相當複雜，但是其實也很簡單：基因下指令給細胞，做出這種形狀的睫毛、做出那種形狀的腳趾甲。

不過，說到行爲，基因不得不應對一個獨特的設計挑戰。人類活在一個廣闊、變化多端的世界，會遇到種種危險、機會和新奇體驗。事情發生得很快，這

4 「先天 vs. 後天」這種說法並不是達爾文提出的，而是達爾文不太出名的表弟法蘭西斯・高爾頓。高爾頓畢生大半時間都努力要證明天才是可以遺傳的，但徒勞無功。

也讓行為（也就是技能）必須快速改變。但挑戰是，你如何給行為寫出一本說明書？我們的基因悄悄存在於細胞裡，如何協助我們適應這個不斷改變、一直有危險的世界？

為了處理這個問題，我們的基因演化出一種明智的應對方式：按照基因裡的指示，用預設的衝動、嗜好與本能建構自己的電路圖。基因建構我們的大腦，因此當我們遇到某種刺激時，無論是美味的餐點、腐壞的肉、埋伏的老虎或心儀對象，有一套原廠預設的神經程式會啓動，利用情緒引導我們的行為朝有用的方向發展。聞到飯菜覺得餓，聞到腐肉覺得噁心，看到老虎感到害怕，見到心儀對象時會有欲望。在這些預設的神經程式引導之下，我們找出解決方法。

這種策略能讓我們做出有效的行為，因應腐肉與心儀對象。畢竟，寫出指令來建立應付生理衝動的迴路，還算容易，如果X，則Y。但是，要做出比較高層次的複雜行為，例如：演奏薩克斯風或玩拼字遊戲呢？我們知道，較高層次的技能，是數百萬個神經元鏈以極為靈敏、毫秒為計的速度做出來的。較高層次技能習得的問題，其實是設計策略的問題。要寫出指示來建造一個能夠學習複雜技能的機器，最好的策略是什麼？

顯然有個設計策略是，讓基因爲特定技能預先安裝線路。基因能提供詳盡的步驟指引，建造出表現所需技能的精確迴路，例如：演奏音樂、雜耍、演算微積分。在適當的刺激出現時，所有預設的線路就會串起來，開始觸發神經迴路，天才就出現了——貝比．魯斯開始揮出全壘打，貝多芬開始譜出交響曲。這個設計策略似乎有道理（畢竟，還有什麼比它更簡單明瞭的？），但事實上有兩個問題。

首先，從生物學上來說，這樣很貴。建立這些精細複雜的迴路需要用掉很多資源和時間，這就必須犧牲其他設計特色。其次，這是一場與命運的賭注。如果在一八五〇年就牽好線路來培養出一位程式設計天才，並沒有任何幫助；若是事先牽好線路來打造出一位天才鐵匠，到了今天也沒有用處。經過幾代之後或是距離幾百公里以外，某些可能本來是關鍵的高層次技能，瞬間會變成無關緊要；反過來也是一樣。

簡而言之，以基因來說，爲複雜的高層次技能預先連結好數百萬條神經線路，是愚蠢又昂貴的賭注。然而，我們的基因經過幾百萬年的淬煉，不會去做這種愚蠢又昂貴的賭注。（其他基因可能是這樣，但是這些基因早就跟著攜帶它們的血統一起消失了。）[5]

現在我們來思考一種不同的設計策略。與其爲特定技能而預先接好神經線路，不如創造出幾百萬個微型的寬頻安裝程式，並把它們分散到大腦的神經線路裡。這些寬頻安裝程式並不會特別複雜——事實上，它們全都一模一樣，用絕緣層包覆神經，讓神經迴路運作更快、更順暢。

它們只根據一條規則運作：哪一條神經線路最常被觸發、最緊急，這些寬頻安裝程式就會去那裡。經常觸發的技能迴路就會得到更多頻寬；比較不常觸發、不緊急的技能迴路，得到的頻寬就比較少。

這種寬頻安裝程式，如果預設在我們適應環境的年輕時期強力運作，會很有用；如果能不經意識而運作，不要占掉日常經驗的有限時間，就會很有效率。（畢竟從天擇的觀點來看，我們是否**覺得**自己獲得這個關鍵技能，並不重要；重要的是獲得它——這有點像免疫系統的運作。）從我們有限的視角來看，技能的提升感覺就像一種天賦，好像只是把天生能力表達出來。不過，這可不是天賦：眞正的天賦是那些微小的寬頻安裝程式，它們忙著把觸發的線路包覆起來，無論這條線路是用來狩獵、數學、音樂或運動。就跟一切有用的適應作用一樣，這套寬頻安裝程式系統很快就會成爲整個物種的標準作業設備。

我們是髓鞘人。寬頻就是髓鞘，安裝程式就是那些像綠色烏賊的寡突細胞，它們察覺到我們送出的訊號，把相應的神經迴路包覆起來。在學習高層次技能時，我們就是將這套古老的適應機制用來達到自己的個人目的；這件事之所以可能，是因爲基因讓我們決定要發展什麼技能——或者更精確地說，是基因讓我們的需求與行動來決定要發展什麼技能。這個系統是靈活、反應靈敏又節約的，因爲它讓所有人類都具備這種內在潛力來獲取所需的技能。證據就在天才產地、在

---

5 這並不是說，為複雜行為預先牽好神經線路並不存在。舉例來說，蜜蜂如何定位花的舞蹈，或是動物的求偶儀式。但是這些行為的神經線路預先設定好，有其演化上的意義，因為這些行為是生存的關鍵，但是彈鋼琴和擊出高爾夫球並不是。

人們花一萬小時做深度練習而獲得世界級的專業技能，甚至是在這些人臉上那種像克林．伊斯威特的表情裡。這些相似性並不是意外；一個對某些特定訊號做出反應的演化機制，就會有這種表情。**技能是包覆在神經迴路的絕緣層，它會對特定訊號做出反應而增長。**

這並不是說，地球上每個人都有潛力變成愛因斯坦（解剖他的大腦發現含有異常多「你知道的那個物質」）[6]；也不是說基因不重要——它確實重要。重點是，雖然天才感覺上與乍看之下似乎是天生注定，但其實在相當程度上我們可以控制自己要發展什麼技能，而且每個人擁有的潛力都超出自己想像。大家生來就有機會成為髓鞘先生所謂的「自己的網路」的主人。

重點是，如何做到。

6　一九八五年，瑪麗安．戴蒙博士（Dr. Marian Diamond）發現，愛因斯坦的大腦左側下頂葉的神經元數量與常人無異，可是產生與支持髓鞘的神經膠質細胞多於常人。當時這項發現被認為毫無意義，甚至很可笑。但是現在，以寬頻的角度看來，就完全有意義了。

第4章

深度練習的三個法則

再試，再敗。失敗也要敗得漂亮。

——山繆·貝克特

阿德里安・德格魯特和哇噻效應

技能習得過程的討論，都應該先處理一個奇怪的現象，就是所謂的「哇噻效應」。它指的是當你看到天才突然憑空出現時，不敢置信、讚嘆、嫉妒（不一定按照這個順序）雜陳的強烈情緒。哇噻效應並不是你聽到帕華洛帝唱歌，或者看到美國職棒傳奇球員威利・梅斯揮棒時的感覺——這些人是萬中選一，你很容易接受這種人就是與眾不同。哇噻效應是看到我們原以爲跟自己一樣的人，突然迸發卓越才華的感覺。當鄰家的呆萌小子突然變成爆紅搖滾樂團的主吉他手時、你家小孩莫名其妙竟然變成微積分解題高手時，你會驚愕萬分。這種感覺是：天啊，**這才華**哪來的？

我走訪各個天才產地，很熟悉這種哇噻效應的感覺。首先我看到的是可愛的小孩子（就跟我家小孩一樣！）慢慢走向教室，拿著可愛的球棒或兒童小提琴，稚拙嘗試的模樣惹人憐愛。他們的表現就像你預期這個年紀的小孩會有的樣子，毫不起眼。小小孩離開之後，大小孩出現了。我目睹到，一連串技巧水準上的量子躍進。我在天才產地待了幾天，就像走在展示著恐龍崛起的博物館走道，連續經過好幾個裝著實景模型的玻璃箱，遇到大幅進化的物種：即將進入青少年期（很不錯了）、青少年中期（哇嗚）、最後是年紀較大的青少年，他們是迅猛龍（快找掩護）。進步的速度非常驚人：每個年齡層都超乎想像，比前一個年齡層更強、更快、更有才華。看著這種改變，就像看著壁虎般小巧可愛的蜥蜴，長成血盆大口的暴龍。你知道理論上這兩者是有關聯的，但是就算知道，還是不禁脫口而出：「哇噻！」

哇噻效應有趣的是，它是單方的。看的人目瞪口呆、既驚訝又不解，但天才本人卻一點也不驚訝，甚至覺得這沒什麼大不了。這種猶如照哈哈鏡似的不平衡，不只是觀者存心天眞，或是天才本人過度謙遜所造成的印象落差。這在技能習得過程的核心裡，是一種持續的知覺模式。它引發一個重要問題：這種過程竟能創造出兩種如此不同的現實，究竟它的本質是什麼？這些人看起來就與我們一樣，怎麼會突然變得如此才華洋溢，而他們自己卻渾然不覺？爲了追尋這個答案，我們去找一個輸棋的數學老師討教，他的名字是阿德里安・德格魯特（Adriaan Dingeman de Groot）。

德格魯特是荷蘭心理學家，生於一九一四年，閒暇時喜歡下西洋棋。他親身經歷過「哇噻效應」。他的棋社有幾個棋士，年紀、經驗和背景都和他差不多，但是棋藝竟然超凡入聖。這些棋士類似於暴龍等級，下盲棋也可以同時輕易打敗十個對手。德格魯特與幾十年後的艾瑞克森一樣，對自己為什麼會輸掉大惑不解，因此他想找出為什麼這些人如此厲害。當時，無人質疑科學界的看法：一流棋士擁有驚人記憶力，憑著記憶力吸收資訊並策畫謀略。這種理論認為，西洋棋大師之所以成功，是因為他們天生擁有的認知能力有如大砲，而你我其他人拿的只是空氣槍。不過德格魯特並不信服這個理論，他想更深入了解。

德格魯特為了好好研究這件事，他設計了一個實驗，同時找來西洋棋大師及許多普通人。德格魯特在棋盤上擺好正式比賽的棋局，兩個對弈者各有五秒鐘掃視這盤棋，然後測試他們記得什麼。結果正如大家所預料的。大師記得的棋子與擺法是普通人的四至五倍。（世界級的西洋棋大師幾乎可以記得全部）。

接下來，德格魯特的實驗做了一個巧妙變化。他在棋盤上擺出來的不是正式比賽的棋局，而是隨便放棋子，然後再次測試。大師的優勢突然消失了，得到的分數不比普通棋手還多，甚至有個案例中，大師記得的還比新手少。西洋棋大師並沒有驚人的記憶力；棋子擺放的位置不像比賽棋局時，他們的技能就消失了。

德格魯特接著說明，在第一次實驗中，大師看的並不是個別的棋子，而是辨識模式。新手看到的是個別棋子，就像散亂的字母一樣；大師則是把這些「字母」組成相當於單字、句子與段落的棋陣。棋子變成隨意擺放時，大師就沒有頭緒了——並不是因爲突然變笨了，而是因爲他們的編組策略突然無用武之地了。哇噻效應消失。暴龍級西洋棋大師與普通棋手的差別，並不是大砲和空氣槍的差別，而是組織能力的差別，是懂與不懂棋陣語言的差別。或者換個方式說，看球經驗豐富的棒球迷（他光看一眼就知道比賽進行得如何——三壘有人、兩人出局、第七局下半），以及這名棒球迷第一次去看板球（整場球賽都不知道在看什麼），兩者之間的差別。技能要包括：辨識重要元素，然後將它們分組，變成一個有意義的架構。心理學家把這種組織方式稱爲「組塊化」。

爲了體驗組塊化是如何運作的，請試著記住下面這兩個句子：

星期二早上我們爬聖母峰

二上星我期們聖上母早峰

就像德格魯特的棋盤一樣，這兩個句子的文字是相同的，只是第二個句子是隨意排列的。你能了解、能記得、能駕馭第一個句子，原因是你像西洋棋大師或棒球迷一樣，已經花了很多時間學習和練習一種叫做「閱讀」的認知遊戲。你學習文字的形狀，練習過從上到下或從左到右將文字組塊化，變成一個一個有深層意思的實體——字詞。你還學到如何把這些字詞組織起來，成爲更大的塊狀——句子，你可以運用、挪動、理解與記憶它們。

第一個句子比較容易記得，因爲它只有三塊主要概念：「我們爬」是一塊，「聖母峰」是一塊，「星期二早上」是另一塊。這些組塊也是由更小的組塊組成。「我」和「們」，兩個都是組塊，你把這兩塊結合起來成爲另一塊：「我們」。

當中又包含由撇、橫、豎鉤、挑、斜鉤、撇、點等筆劃，形成一個更小的組塊，你可以辨識它是「我」字。就這樣，每個組塊都精密地嵌套在另一個組塊中，就像許多組俄羅斯娃娃一樣。從本質上來說，閱讀技能就是以閃電般的速度打包與拆解組塊的技能——或者用髓鞘的術語來說，就是以超高速觸發神經迴路的模式。

組塊化是個奇妙的概念。優雅流暢、看似毫不費力的技能，竟然是由離散的小迴路套疊累積起來，這實在是違反直覺。但是有非常多科學研究顯示，技能就是這樣建立起來的，而且不只是下棋這種講究認知的活動，體能活動也是從小小的組塊開始建立。體操選手在學習一項地板動作時，是透過一連串組塊組合起來的，這些組塊又由其他組塊構成。體操選手把一系列肌肉動作組合起來，和你把一系列文字組合起來形成「聖母峰」這個詞，方式是完全一樣的。體操選手重複做動作，頻繁到讓他知道如何把這些組塊當成一個大組塊來處理，因此流暢的動作就出來了。你在處理前文那個句子時，也是用同樣方式。體操選手觸發了做後空翻的神經迴路時，他不需要思考：「好，現在我要用腳推蹬、拱起背部、頭縮入雙肩之間、旋轉髖部。」就跟你不需要處理「星期二」這個詞裡的每個文字一樣。他只要觸發那個透過深度練習建立和磨練的神經迴路。

當有效地做組塊化時，就能創造出奇蹟般的表現，產生哇噻效應。仰望這些頂尖選手，其優越表現看來令人費解，好像他們縱身一跳就能越過鴻溝。但是就像德格魯特的試驗顯示，頂尖選手與普通人並沒有那麼大的差異。並不是天生的超能力區分出頂尖和普通的差異，而是緩慢累積的建構及組織的行爲：透過一支一支螺絲、一個迴路接一個迴路，搭建出一套鷹架——或者髓鞘先生可能會說，透過包覆一層又一層的髓鞘。[1]

規則一：組塊化

我們已經見識到深度練習的要點在於神經迴路的建構與包覆。但是，從實務上來說，這究竟是什麼感覺呢？我們怎麼知道自己是不是正在進行深度練習？

深度練習的感覺有點像在探索一間漆黑的陌生房間。起先慢慢開始，你會撞到家具、停下來思考，然後再重新開始。慢慢的，帶著一點碰撞過的疼痛，你一次又一次地探索這個空間，留意哪裡犯錯，每次都再往前探索一點點，在心裡建構出一幅地圖，直到可以憑直覺迅速在這個空間中穿梭移動。

大部分人也會反射性地做一定程度的深度練習。這種「放慢速度、把技能分解成不同組成部分」的本能是普世皆有的。有一句父母與教練總是重複說的老話，我們從小到大聽過無數次：「一步一步來」。但是，直到造訪這些天才產地，我才明白這個簡單、直覺的策略多麼有效。在我造訪的天才產地中，組塊化以三

1 德格魯特在一九四六年發表他的研究報告，完全沒有得到任何讚譽。二十年後，他的研究由艾瑞克森的導師、諾貝爾獎得主赫伯特．西蒙挖掘出來。西蒙認為德格魯特是認知心理學的先鋒，一九六五年協助將德格魯特的研究以英文出版，書名是《下棋的思考與選擇》（*Thought and Choice in Chess*）。德格魯特後來將自己的發現運用在生活中，以大師身分參與西洋棋比賽，出版著作很多，八十八歲時還錄製古典鋼琴即興演奏的 CD。

個面向進行。

①參與者將任務視爲一個整體——把它當成一個大組塊，一個超大迴路。

②把任務分解成盡可能小的組塊。

③他們巧妙利用時間、將動作放慢，然後加速，了解這件任務的內在結構。

天才產地中的人做深度練習，就和優秀的電影導演處理一個電影場景的方式一樣——一下子向後平移運鏡，展現景深，下一瞬間又拉近鏡頭放大畫面，再以慢鏡頭細看一隻在葉子上爬行的昆蟲。我們接下來探究每個技法，看看它是怎麼展開的。

吸收整體

吸收整體的意思是：花時間凝視或聆聽自己想學成的技能——無論是一首

歌、一個動作、一次揮棒，把它看成是一個連貫的整體。天才產地的人常常像這樣凝視或聆聽。這聽起頗有禪意，但是它基本上等同於持續吸收這個技巧的全貌，直到你能想像自己做出來。

艾瑞克森說：「人天生就會模仿。你把自己置身在和厲害的人同樣的情境裡，跟他們一樣全力以赴地投入，這對你的技能有很大影響。」

模仿不必然是有意識的，其實通常是無意識的。在加州，我見到一個八歲的網球選手名叫凱洛琳．謝（Carolyn Xie），在全美該年齡層排名頂尖。她擁有典型網球神童的球技，但除了一件事之外：通常這個年紀會用雙手打反拍，但是她就與瑞士網球天王羅傑．費德勒一樣用單手打反拍。不是只有一點點像費德勒而已，而是完全像他，招牌特徵是動作收尾時像鬥牛士那樣頭往下。

我問她怎麼學會這個動作。她說：「我不知道啊，就是這樣做出來了。」我問她的教練，教練也不知道。後來，凱洛琳的媽媽李萍（音譯）在聊晚上要做什麼，提到他們要觀賞費德勒比賽的影片。原來，他們全家人都是費德勒的忠實球迷，費德勒每一場比賽的錄影帶，他們幾乎都看過了，凱洛琳更是一有空就看。

換句話說，她小小年紀就已經看過費德勒的反拍數萬次了。她看過網球天王的單手反拍，不知不覺就吸收了這個動作的精髓。[2]

另一個例子是雷．拉蒙太奇，他本來是緬因州路易斯頓的製鞋廠工人，二十二歲突然覺悟自己應該當創作歌手。拉蒙太奇沒有什麼音樂經驗，也沒有錢，所以他用了一個很簡單的方法：他買了幾十張二手唱片，史蒂芬．史提爾斯、奧提斯．瑞汀、艾爾．格林、伊特．珍、雷．查爾斯等等，然後窩在自己的公寓裡聽歌，整整兩年。每天，他訓練自己跟著唱片唱歌。拉蒙太奇的朋友以爲他已經離開那個城鎮，鄰居則認爲他不是瘋了，就是把自己鎖在一個音樂時光膠囊裡——其實這個描述還滿貼切的。拉蒙太奇說：「我一直唱一直唱，喉嚨一再受傷，因爲我知道唱法不對。花了很長時間，我終於學會怎麼用腹部力量來唱歌。」八年之後，拉蒙太奇第一張專輯賣了將近五十萬張。主要原因是他帶著福音特質的嗓音，《滾石雜誌》說聽起來像教堂音樂，很多聽眾會以爲是奧提斯．瑞汀或艾爾．格林在唱歌。

大家公認拉蒙太奇的嗓音是天賦，但或許眞正的天賦是，他用來培養這種嗓音的練習策略。

我看過的模仿中，最有成效的是莫斯科的斯巴達克網球俱樂部（Spartak tennis club），這個在天寒地凍中的破舊雜亂地方，卻孕育出超多的網球天才：安娜・庫妮可娃、馬拉特・薩芬、阿娜斯塔西亞・米斯基娜、耶蓮娜・狄曼提娃、迪娜拉・沙芬娜、米哈伊爾・尤茲尼、德米特里・圖薩諾夫。整體來說，在二〇〇五年至二〇〇七年，這個俱樂部培養出的世界排名前二十的女子網球選手，人數超過美國；在二〇〇六年台維斯盃獲勝的男子隊中，也有半數的球員來自這個網球俱樂部。

這個俱樂部擁有如此輝煌的成績，卻只有一個室內球場。我在二〇〇六年

2 提摩西・高威在《比賽，從心開始》中提到一個很好的模仿案例。高威從一九六〇年代開始教網球時，決定嘗試一個實驗：對初學者完全不以口頭說明來指導，只是不發一語地對他們示範如何擊球。這個方式的效果竟然出奇得好，高威在完全不指導任何技法之下，很快就能在二十分鐘內教會五十歲初學者打出有模有樣的網球。

十二月造訪時，它看起來就像電影《瘋狂麥斯》的場景：狹長的獵槍型小屋、地上的水灘浮著柴油微光，四周的森林裡有很多挨餓、神出鬼沒、令人恐慌的大狗。俱樂部前面停著一輛報廢的十八輪大貨車。我走向俱樂部，可以看到毛玻璃窗後有人影在動，但是沒聽到網球揮拍擊球那種獨特的砰砰聲。走進俱樂部一看，就明白原因了：他們是在揮拍，但是沒有用球。

在俱樂部，它被稱爲「imitatsiya」——用假想的球做慢動作。所有斯巴達克的成員，從五歲到職業球員都要這樣做。教練是個笑容滿面、飽經風霜的七十七歲女性，名叫萊瑞莎．普雷奧布拉珍斯卡亞（Larisa Preobrazhenskaya），她在球場走來走去，像個汽車技師在修理一台超大引擎。她抓住球員的小手臂，慢慢引導做出揮拍擊球的動作。等到這些球員終於能打到球，他們是排隊輪流打（斯巴達克俱樂部沒有一對一的課程），揮拍時，萊瑞莎經常要他們停下來，要求再做一次慢動作，然後再一次。一次，又一次。

這看起來像芭蕾舞課：緩慢、簡單、精確的舞蹈動作，講求的是tekhnika，也就是英文的technique（技法）。萊瑞莎以一項鐵律來強制推行這個教法：學生在初學頭三年不准參加比賽。這一點我相信美國父母絕對無法接受，但俄羅斯的家長卻毫不質疑。

「技法是一切。沒有技法就開始打球，是犯了大錯。大錯特錯！」萊瑞莎猛地一拍桌、用赫魯雪夫式的語氣告訴我，這讓我嚇了一跳，對眼前這個笑容滿面老奶奶的印象立刻改觀。

分解組塊

我到訪的地方，最能顯示「分解組塊」這個過程的是紐約州北部的草山音樂學校。它位在阿第倫達克山區的一片綠毯中，從曼哈頓往北開車五小時可到達。它的創辦人是著名的小提琴教育家伊凡·葛拉米安，他選擇這個地點的原因，與紐約州政府在該地建了最多監獄一樣：偏遠、便宜、非常安靜。（葛拉米安原本是將這所夏令營學校的地點設在附近的伊莉莎白鎮，但是他認爲當地的女孩漂亮到令人分心，他以自己就是娶到當地的女人來強調這一點。）

最初的營地只有幾間小木屋，還有一幢沒有電、沒有自來水、沒有電視或電話的的老房子。從那時到現在也沒什麼改變。這片營地雖然環境宜人，設施卻很簡陋：學生睡在簡陋的宿舍，每一間搖搖欲墜的練琴室是用樹樁、空心磚支撐，有的還是架在從附近汽車拿下來的千斤頂上。然而，更能代表草山音樂學校的是眾多已成音樂界傳奇的校友——馬友友、平夏斯·祖克曼、約夏·貝爾、伊扎克·帕爾曼，還有這個學校的核心，一道幾乎成爲校訓的簡單公式：七週內，大部分學生要學完一年份的教材，這等於是學習速度加快了五倍。這種學習加速，學生都完全明瞭，卻不明白爲什麼。所以經常有人說，這好像是一種滑雪特技。

「噢，我的天，這個女生實在太厲害了。」十六歲的大衛·拉摩斯（David Ramos）指著中國學生蒂娜·陳（Tina Chen）說。她最近才在草山音樂教室的晚間音樂會表演一首康果爾德的小提琴協奏曲。拉摩斯突然壓低聲音，難以置信地悄聲說：「她說她花三週學會這首曲子——但是有人跟我說，其實她只花兩週就學起來了。」

這些驚人成果在草山音樂學校是家常便飯，部分原因是，老師們將組塊化的概念發揮到極致。學生把樂譜上的每個小節剪成橫條，塞進信封，隨機取出。接著藉由改變節拍，把這些樂段再分解成更小的片段，例如：用附點節奏來演奏一段很困難的樂段（馬蹄聲——躂躂、躂躂）。這個技巧迫使演奏者必須把一個樂句裡的兩個音符迅速連結起來，然後休息一拍，再接下兩個音符。這樣做的目標都是一樣的：把技能分解成不同組成部分（迴路），記住每個組成部分，然後把它們連起來，逐漸形成更大的群組（互相連接的新迴路）。

放慢速度

在草山音樂學校，不規則迸出的音符，被拉長成像鯨魚發出來的聲音。有個老師是用這個準則來判斷的：如果路人可以聽出練習者在練習的是哪一首曲子，那就練錯了。營地的主任歐文·卡曼（Owen Carman）教一堂課時，三小時只講解一張樂譜。新學生對這種看似進展超慢的授課速度相當驚訝——這比他們以往上課的速度還要慢三至五倍。但是課堂結束時，他們就學會如何完美演奏這一頁；這種像克萊瑞莎的驚人成果，以淺層練習的方式可能要花他們一、二週。[3]

爲什麼放慢速度的效果這麼好？

髓鞘模型提供兩個理由。首先，放慢速度會讓你更密切留意犯錯的地方，進而使每次的觸發迴路都能提高精確度——對於髓鞘的增長，最重要的就是精確度。就像足球教練湯姆．馬丁尼茲（Tom Martinez）喜歡說：「關鍵不在於可以做得多快，而是能以正確的方式做得多慢。」。第二，放慢速度有助於練習者培養出更重要的東西：對於這項技能的內在藍圖——也就是環環相扣的技能迴路的形狀和節奏，產生運作知覺（working perception）。

上個世紀大多數時期，許多教育心理學家相信，主宰學習過程的是智商和發展階段等不變的因素。紐約市立大學心理學教授貝瑞．辛馬門（Barry Zimmerman）卻從來不相信這個說法。他感興趣的是，人在觀察、判斷自己的表現，並擬定策略的過程中所做的學習——其實就是自己教自己的過程。

辛馬門對這種被稱爲「自我調節」的學習方式很感興趣，因此他在二〇〇一年進行一項實驗。該實驗聽起來更像是街頭表演魔術，而不是一般的科學實驗。

他與喬治梅森大學的安娜塔西亞．基特桑塔斯（Anastasia Kitsantas）合作，提出了一個問題：單靠人們描述自己如何練習來評斷能力高下，是否可行？比方說，一屋子的芭蕾舞者，能力各不相同，拿「半蹲」這個動作來問他們，然後不看他們跳，只根據他們如何談論半蹲動作的練習，是否可以準確選出最佳舞者、第二名舞者、第三名舞者？

辛馬門和基特桑塔斯選擇的技能是排球發球。他們找來一群專業球員、業餘球員與新手，詢問他們如何發球，包括：目標、計畫、策略選擇、自我監控、調整，總共有十二項指標。他們用這些人的答案來預測他們的相對技能程度，接著再請球員實際發球，來測試預測的準確度。結果發現，九〇%的技能差異，可由球員的答案來解釋。

3 對於這種效果與深度練習，有個很貼切的陳述來自林肯說明自己的學習過程。林肯說：「我學得很慢；學到之後，也忘得很慢。我的大腦就像一塊鋼鐵，硬到很難刻上任何東西；一旦刻上去之後，幾乎不可能抹除。」

辛馬門說：「我們的預測極度準確。這顯示專家的練習方式不一樣，也更有策略。他們失敗時，不會怪運氣或怪自己。他們有一套策略，可以做出修正。」

換句話說，排球專家就像德格魯特的暴龍級棋士。透過練習，他們培養出比單純的技能更重要的能力；他們對所學技能的概念也有詳盡的理解，這讓他們可以控制與調整自己的表現、修正問題，並為新的情境打造自己的神經迴路。他們以組塊來思考，也已經把這些組塊建立成一種專屬個人的技能語言。

我當時在草山音樂學校見到一個十四歲的大提琴手約翰－亨利．克勞福（John-Henry Crawford），他告訴我深度練習的感覺，他的描述是我聽過最有用的。他一個人在一間破舊的車庫消遣，那裡擺著一項草山音樂學校為數不多的休閒器材：一張破爛的乒乓球桌。克勞福談起他在草山的學習加速感，他稱之為「開竅」。

他說：「去年我整整花了快七週才開竅，練琴開始有效率。今年我已經感覺到開竅了。是思維上的。」

我們開始打乒乓球，他隨著球的來回節奏說話。

「我在開竅的時候，演奏每個音符都是有意義的。我覺得就像在蓋一棟房子。這種感覺就好像，這塊磚要放這裡、那塊磚要放那裡，我把它們連接起來，就打下了地基。然後加入牆壁、把牆壁接起來。接著是屋頂、油漆，然後希望整個都接在一起。」

我們打了一場球賽。本來比分一直很接近，接著我二十比十七領先。最後，他連續打出五顆殺球，贏了這場比賽。

他抱歉地聳聳肩：「我能說什麼呢？我猜自己也越來越擅長蓋這棟房子了。」

規則二：重複

我們都很熟悉一句格言：「練習是最棒的老師。」髓鞘以一個新視角詮釋了這句老話的眞諦。

從生物學來說，全神貫注的重複是無可取代的。要練成一項技能，無論用什麼方式——說話、思考、閱讀、想像——都不會比一再執行那個動作、送出電脈衝到神經纖維、修正錯誤、磨練神經迴路更有效。

要說明這個眞理有個方法，就是透過謎題：要削弱超級天才的技能，最簡單的方式是什麼（除了受傷）？哪個方式絕對保證能讓美國職籃球星詹皇開始跳投不進，或是讓馬友友開始拉錯和弦？

答案是：一個月不讓他們練習。

技能要蒸發殆盡，並不需要染色體重組或暗黑的心理操縱。對於技藝純熟的人，你只要別讓他們系統性地觸發神經迴路，三十天就可以了。他們的肌肉不會改變；他們備受吹捧的基因與人格特質，也沒有改變；但是，你碰到他們的天才盔甲最薄弱的地方。

就像巴茲佐奇斯提醒我們的：**髓鞘是活生生的組織**。髓鞘與身體其他部分一樣，不斷在分解和修復。這就是爲什麼每天練習是重要的，尤其是我們年紀愈來愈大的時候。

鋼琴大師佛拉迪米爾・霍洛維茲（Vladimir Horowitz）到八十幾歲仍在演奏，他說：「如果一天不練習，我會注意到。如果兩天不練習，我太太會注意到。如果三天不練習，全世界都會注意到。」

重複的價値是無法估計的，也無可取代。不過，也有幾點注意事項。傳統做法是練習愈多愈好：大家認爲一天練習兩百次正手拍，比一天一百次好兩倍。然而，深度練習並不是遵循這套數學。花更多時間練習是有效，但前提是你處於能力極限的甜蜜點，全神貫注地建構與磨練你的神經迴路。

再者，人類一天可以做到多少深度練習，似乎有個普世皆然的限制。艾瑞克森的研究顯示，大部分世界級專家，包括鋼琴家、西洋棋大師、小說家、運動員，無論追求什麼技藝，每天練習的時間是三至五小時。

在我造訪的天才產地，大部分人一天練不到三小時。斯巴達克網球俱樂部的小球員（六至八歲）每週只練習三至五小時，比較大的青少年逐漸提高到一週十五小時。加勒比海古拉索島的少棒隊是世界最強的球隊之一，他們一年只練習七個月，通常是一週三次。

不過也有一些例外，比如草山音樂學校堅持爲期七週的課程，每天練習五小時。但是整體來說，天才產地的練習時間與頻率，似乎還算合理，這也證明了克萊瑞莎在練習〈金婚式〉和〈藍色多瑙河〉時我所看到的：當你離開深度練習區，乾脆就別練了。[4]

這與網球教練羅伯．蘭斯多普（Robert Lansdorp）看到的情況一致。這名重量級的教練在網球教練圈的地位有如投資界的巴菲特，曾經教過崔西．奧斯汀、皮特．山普拉斯、林賽．戴文波特、瑪麗亞．莎拉波娃。他看到當時的網球明星每天練習好幾千球，覺得很好笑。

蘭斯多普問道：「你看過吉米．康諾斯練習嗎？你看過約翰．馬克安諾或羅傑．費德勒練習嗎？他們沒有打一千顆球，他們中的大多數人只練一個小時。你一旦抓對擊球時機，球感就不會跑掉。」

這激起我的興趣，我興奮得開始跟他解釋髓鞘——髓鞘怎麼包覆神經迴路；觸發迴路時，髓鞘怎麼慢慢生長；怎樣花十年時間達到世界級水準。大約解釋了二十秒鐘之後，蘭斯多普打斷我。

「當然，當然了。」他神定氣閒地點點頭，一副比神經學家更懂髓鞘的樣子：「一定就是這樣沒錯。」

規則三：學習感覺它

我去草山音樂學校的那個夏天，那裡新開了一門課叫做「如何練習」，授課老師是思凱・卡曼（Skye Carman），她是主任歐文・卡曼的妹妹。六個青少年魚貫進入一個練琴小屋。思凱的個性熱情洋溢，曾是荷蘭交響樂團的首席。她一開

4 老師們會注意到的另一指標是：打呼。深度練習通常會讓人筋疲力盡：無法一次持續超過一、兩小時（這是艾瑞克森在許多訓練中觀察到的現象）。

始先問：「你們有誰一天練習五小時以上？」

四個人舉手。

思凱不敢置信地搖搖頭。「你們眞棒。我永遠都做不到，千千萬萬年也做不到。你看，我多討厭練習！討厭、討厭、討厭！所以，我怎麼做呢？我強迫自己練習時一定要盡可能有成效。所以，我想知道一件事。你們在練習時，做的第一件事是什麼？」

學生們一臉不解地望著她。

最後終於有個男孩說：「調音。先演奏一小段巴哈。我猜啦。」

思凱揚起眉毛，表明這些學生在練習時缺乏策略：「嗯——我猜啊，你們都是……直接就開始練了！我敢打賭你們調完音，選一首自己想練的曲子，就拉起琴來了。就像撿起一顆球一樣。」

學生們都點點頭。思凱說中他們的練法了。

她的雙臂在空中揮舞，說著：「這樣不對啊！你們以爲運動員是這樣做嗎？你們以爲他們是這樣胡亂練嗎？你們要知道，這是頂級的運動。你們就是運動員。你們的賽場只有幾寸長，但它還是你們的賽場。你們必須找到立足點，知道自己在哪裡。首先，樂器調音。然後，耳朵調音。」

思凱解釋說，這樣做的要點是：抓到一個平衡點，能感覺得出來哪裡出錯。要避免錯誤，首先你必須能在錯誤發生時立即感覺到它們。

思凱對他們說：「如果聽到有一條弦走音了，這應該會讓你心神不寧。你應該要非常心神不寧，必須要有這個感覺。你眞正練習的是：集中注意力。這是一種感覺。所以，現在我們要來練習這種感覺。」

他們閉上眼睛，思凱用小提琴撥了一個空弦音，接著她微微轉動一個調音旋鈕，聲音變了。學生本來平順的眉毛揪起來，表情變得非常焦躁，隱隱能感覺出他們很想要她改過來。斯凱微笑了。

她輕輕說：「就是這樣。一定要記得喔。」

髓鞘是詭祕的東西，你無法察覺髓鞘沿著你的神經纖維生長，就像你不可能感覺到運動後心肺變得比較有效率一樣。但是，你有可能感覺到習得新技巧相關的次級感覺——也就是髓鞘版本的「燒灼感」。

造訪各個天才產地時，我請人描述他們在練習最有成效時的感受是什麼。他們的描述如下：

專注
連結
建立
整體
警覺
聚焦
犯錯
重複
疲累
敏銳

覺察[5]

這份描述清單非常有特色。它給人一種感覺：快要到、達不到、又快要到。這是登山者的語言，形容循序漸進、遞增和連結的感受。這是一種竭盡全力朝向一個目標，但是還差一點點的感覺，也就是舞蹈家瑪莎・葛蘭姆所說的「神聖的不滿足」。這也是格倫・柯茲（Glenn Kurtz）在他的著作《練琴：重回音樂》中描述的感受：「每一天、每一個音符，練習的都是同樣功課，這是人類的必要姿態——爲了一個理念、爲了自己渴望的宏偉目標，努力追求，又感覺到它從你的指尖溜走。」

---

5 以下是我沒有聽到的描述字眼：自然的、不費力、例行的、自動的。我在天才產地沒有聽到的另一個詞是：天才。並不是說天才不存在。我訪問的老師以經驗推估，大約每十年出一個天才。草山音樂學校的思凱・卡曼說：「偶爾才會遇到一個天分超高的天才。我不知道他們的大腦是怎麼運作的。但是那只占極小的比例。你我這些凡人必須努力才能做到。」

這種感覺讓人想起畢約克所謂「甜蜜點」的概念：那個成效高、不舒服的境界，就在超越我們當前能力之處，也在我們尚未掌握卻可能達到之處。深度練習不只是苦苦掙扎而已，而是追求一種特定的掙扎，其中牽涉到幾項獨特行動的循環：

①選擇目標。
②盡力達到。
③評估目標與能力所及的差距。
④回到第一步。

從我在天才產地看到的臉部表情來判斷，甜蜜點可能最好命名爲「苦甜點」。

不過，這種滋味，就像其他滋味一樣，是嚐得到的。髓鞘最有用的特色之一是，任何神經迴路都可以被包覆起來，就算是我們剛開始並不喜歡的經驗也一樣。在草山音樂學校，老師經常看到學生逐漸愛上深度練習。學生儘管剛開始並不喜歡，但是老師說，學生很快就能忍受，甚至還很享受這種體驗。

草山音樂學校主任歐文．卡曼說：「大部分孩子不久之後練習速度就會加快。我認爲，這是因爲他們轉向內在，不再從外界尋找解答，而是往內在去找。他們會漸漸明白，怎樣是有效的，什麼沒用。這是假裝不來的，不能借來、偷來或買來。這是實實在在的專業。」

草山的老師眼光犀利地觀察學生，尋找他們不知不覺洩漏祕密的蹤跡：潦草記在樂譜上的音符記號、談話變得激烈、對例行的熱身運動開始心生敬畏。美國知名小提琴教師莎莉．湯瑪斯（Sally Thomas）從學生走路的方式就能看出改變。她說：「他們剛來的時候是神氣地走進來，過一陣子就不會這樣了。這是好事。」

這種現象，有一個規模比較大的例子，發生在日本的學校。根據一項一九九五年的研究發現，抽樣調查中的日本八年級學生在課堂上有四四%的時間用於發明、思考，以及積極琢磨基本概念。另一方面，這項研究中的美國學生樣本，只有一%的時間處於這種狀態。

監督這項研究的加州大學洛杉磯分校教授吉姆．史蒂格勒（Jim Stigler），與詹姆斯．赫伯特（James Hiebert）共同執筆《教學差距》（*The Teaching Gap*），他說：「日本老師要學生絞盡腦汁，有時候會故意給錯的答案，讓學生努力去鑽研理論。而美國的老師就像服務生，只要學生哪裡有困難，老師就想速戰速決，好讓整堂課順利進行。但是，順順利利是學不好的。」

在所有能傳達出深度練習感受的意象中，我最喜歡的是搖搖晃晃學走路的寶寶。長話短說：幾年前有一群美國和挪威學者做了一項研究，探討寶寶學走路進步的關鍵因素是什麼。他們發現，關鍵原因不是身高、體重、年紀、大腦發育、或其他任何先天特質。而是（謎底揭曉！）這些寶寶花在觸發神經迴路、試著走路的時間。

不管這項研究結果多麼能爲我們的理論背書，它眞正有用的是爲深度練習的感覺勾勒出一幅生動的樣貌。簡而言之，深度練習的感覺，就像搖搖晃晃學走路的寶寶，一心一意、笨手笨腳、蹣跚掙扎朝向一個目標前進，然後摔倒在地。這是一種戰戰兢兢、挫敗的感覺，任何明智的人出於本能都想避免。但是，寶寶停留在這個階段愈久——也就是願意忍受這種狀況，而且允許自己失敗——就能建立更多髓鞘，獲取更多技能。蹣跚學步的寶寶體現了深度練習最深層的真理：要變得更厲害，你要願意、甚至還熱切地處在學不好的狀態。蹣跚學步就是通往技藝的捷徑。

PART

2

激發

第5章

初始提示

世界歷史記載上，每個偉大莊嚴的時刻，
都是某種熱忱的勝利。
——愛默生

如果別人做得到，我爲什麼不能？

我們已經了解，技能的增長需要深度練習。但是深度練習並不容易：它需要精力、熱情、承諾。總之，深度練習需要動機做爲燃料，這就是天才密碼的第二元素。在這一部我們會看到，如何透過一個我稱爲「激發」的過程，創造與維持動機。激發和深度練習共同作用而產生技能，完全就像汽車油箱與引擎結合之後產生速度。激發供給能量，而深度練習、也就是髓鞘包覆，則是隨著時間把這股能量變成進步。

我造訪天才產地時，看到許多人充滿熱情。這體現在他們拿小提琴、抱足球、削鉛筆的方式。熱情顯現在他們把簡陋的訓練場當成大教堂一樣對待，顯現在他們望著教練及老師的目光充滿警覺與尊敬。這種感覺未必是光鮮亮麗、幸福美滿的——有時候是陰暗與執迷，有時就像老夫老妻之間那種恬靜與持久的愛。但是，熱情始終存在，是它提供情感燃料，讓人不斷觸發神經迴路，磨練技能，變得更厲害。

我問天才產地裡的人，他們對小提琴／唱歌／足球／數學的熱情來自何處？大部分人聽到這個問題會覺得有點可笑，好像我是在問他們什麼時候開始學會享受呼吸氧氣一樣。大家一致的反應就是聳聳肩說：「我不知道耶，就一直都很喜歡啊。」

面對這些反應，我也想聳聳肩回應，然後將他們熾熱動機歸因於人類未知的內心深處。但是，這樣並不準確。因爲在許多案例中，我們可以精確指出那種熱情激發的一瞬間。

對南韓的高爾夫球手來說，這一瞬間就是一九九八年五月十八日下午。二十歲的朴世莉在麥當勞ＬＰＧＡ高爾夫巡迴賽贏得冠軍，成爲韓國偶像。（一家南韓報紙說，朴世莉不是女版老虎伍茲；老虎伍茲才是男版的朴世莉。）在她之前，南韓選手從來沒有在高爾夫球界揚名。快轉十年之後，南韓女性基本上稱霸了ＬＰＧＡ巡迴賽，有四十五位南韓選手總共贏得約三分之一的賽事。

對俄羅斯網球選手來說，這個激發熱情的瞬間在同年稍後的夏天，十七歲的

Year	LPGA高爾夫球巡迴賽的南韓選手	世界網球協會排名前100的俄羅斯選手
1998	1	3
1999	2	5
2000	5	6
2001	5	8
2002	8	10
2003	12	11
2004	16	12
2005	24	15
2006	25	16
2007	33	15

圖表 5-1

安娜．庫妮可娃打進溫布頓準決賽，並憑藉她超級名模的外貌，成了全世界下載量最多的運動員。直到二〇〇四年，俄羅斯女子網球選手經常打進重大賽事的決賽。到二〇〇七年，世界排名前十之中，她們就占了五名；而五十強裡就有十二席。在佛羅里達州布雷登頓創辦網球學園的尼克．波利泰尼（Nick Bollettieri）說：「她們就像該死的俄羅斯軍隊，一直不停出現。」

其他天才產地也遵循同樣的模式：有一個人竄起之後，接著就是天才大量爆發。値得注意的是，每個例子都一樣，一開始爆發得比較慢，大約要五、六年之後才能培養出十幾名選手。這並不是因爲一開始的啓發比較弱，後來愈來愈強。更根本的理由是：深度練習需要時間（許多人都說是一萬小時）。天才在這個團體裡蔓延的模式，就和蒲公英在郊區庭院散播的模式一樣。風一吹，假以時日，就會綻出朵朵的花。[1]

這種現象有一個不同的例子，始於一九五四年五月一個狂風暴雨的日子。當時牛津大學醫學系學生羅傑．班尼斯特（Roger Bannister）成爲第一個在四分鐘內跑完一千六百公尺的人。大家知道他的成就大致是：生理學家和運動員認爲四分鐘一千六百公尺是無法突破的生理障礙；班尼斯特以幾毫秒之差打破紀錄，成了世界各地的頭條，也因爲後來《運動畫刊》稱這是二十世紀最偉大的體育成就而名垂後世。

大家比較不知道的是，班尼斯特達成壯舉之後的幾週內發生的事：另一個名叫約翰·藍迪（John Landy）的澳洲跑者也突破了四分鐘障礙。下一個賽季又有幾名跑者也突破了大關。接著，一群又一群跑者突破。三年內，至少有十七名跑者達到二十世紀最偉大的運動成就。並沒有什麼重大的改變。跑道路面一樣，訓練一樣，基因也一樣。把原因歸結到「相信自己」或「正面思考」，都沒有抓到重點。改變並不是來自運動員的內心，而是因爲他們對外界某件事情做出回應。這十七名跑者都收到一個明確的訊號——你也可以做到。四分鐘大關，曾經是無法超越的高牆，瞬間被重塑成踏腳石。

這就是「激發」的運作。深度練習是冷靜、有意識的行動，激發則是熾熱、神祕的爆發，是一種覺醒。深度練習是循序漸進的髓鞘包覆，激發則是透過一閃即逝的影像與情緒，以及演化建立的神經程序，來利用大腦中巨大的能量與專注力。深度練習是蹣跚學步，激發是一組創造我們身分的訊號和潛意識力量，讓我們說出：「這就是我想成爲的人。」我們經常會把熱情想像成一種內在特質。但是，我造訪更多的天才產地之後，就愈來愈覺得，最初的熱情是來自外在世界。在天才產地，關鍵的蝴蝶拍動翅膀，就會掀起天才龍捲風。

韓裔美國高爾夫球手克莉絲汀娜・金（Christina Kim）說：「我記得在電視上看到朴世莉，她不是金髮或藍眼睛，我和她流著同樣的血……你會對自己說：『如果她能做到，爲什麼我不能？』」斯巴達克網球教練萊瑞莎，還記得當初火花迸

---

1 這種「竄起後爆發」的模式，其中一個有用之處在於，可以藉此預測未來崛起的天才產地。我預測，其中一個是委內瑞拉的古典音樂家。年僅二十六歲的青年才俊古斯塔沃・杜達美成為洛杉磯愛樂交響樂團的指揮。關於他，大部分故事都會提到高超技藝、招牌鬈髮、個人魅力。不過沒有提到的是，透過「委內瑞拉國立青少年交響樂團系統基金會」，簡稱為「系統」，委內瑞拉正在培養出許許多多的杜達美。這項系統招收貧困孩子進入古典音樂訓練計畫（至二〇二四年的統計數字是超過一百萬人），請最好的演奏家回流擔任老師，將樂團送到全世界參加比賽，整體來說，非常類似委內瑞拉也很成功的棒球學園。另一個未來的天才產地會是中國小說家。《等待》作者哈金看來是突破先峰，他之後會是一支相當龐大的隊伍，當中包括馬建、李翊雲、吳帆、戴思杰等，他們崛起的時間與姚明引燃中國籃球選手的時間差不多。最後，電影愛好者該準備迎接羅馬尼亞電影製作人與導演的浪潮。自二〇〇七年至二〇〇九年羅馬尼亞導演在坎城影展獲得四大獎項，激發了羅馬尼亞電影工作者的熱情。還有首都布加勒斯特國立戲劇電影大學著名的嚴格教學，也是推手。

發的時刻：「所有小女孩開始把頭髮綁成馬尾，擊球時用力哼出聲。她們都是小安娜。」

激發是一個奇特的概念，因爲它只是在我們未察覺之下燃燒，主要是在潛意識中。但這不表示它無法捉摸、無法理解、無法被用來製造出有用的熱能。接下來幾章會看到我們天生的激發系統如何運作，以及看似無關緊要、極微小的召喚，如何隨著時間產生巨大的技能差異。我們會造訪幾個被激發的地方，即使這些地方的人可能並不自覺。我們也會看到髓鞘是眞的由愛而生。讓我們先來仔細看看激發的過程。

微小但強烈的想法

一九九七年，麥佛森開始研究一直以來讓家長及音樂老師大惑不解的事：爲什麼有些孩子上音樂課進步神速，有的孩子卻沒有？麥佛森進行一項長期研究，分析一百五十七名隨機選出來的孩子在音樂上的發展（就是這項研究拍下克萊瑞莎練習豎笛的片段）。麥佛森採取一種相當獨特的綜合方法，在這些孩子學樂器之前幾週就開始追蹤（大部分案例是七、八歲），一直到他們高中畢業。透過詳細的訪談、生物辨識測試，以及練習時的錄影，追蹤這些孩子的進展。

這些孩子開始學音樂九個月之後，很典型的各種樣貌都有：有些孩子像火箭一飛沖天，有些孩子幾乎停滯不前，大部分孩子則介於中間。孩子的音樂技能呈鐘形曲線分布，我們直覺認爲這就是音樂性向分布。問題是，造成這種曲線的原因是什麼？難道這就是無可避免的，只是一個描述圖表，說明在任何隨機選擇的人群中，努力學會一門技能的人會發生什麼事？或者，是否有某些隱藏的未知因素，可以解釋並預測每個孩子會成功或失敗？

麥佛森開始分析他蒐集到的資料，試圖找出理由。這個未知因素是智商嗎？不是。聽覺敏感度嗎？也不是。數學能力或節奏感嗎？感覺運動能力嗎？所得層級？不是、不是、不是、都不是。

接著，麥佛森測試了一個新的因素：孩子對一個簡單問題的答案。這個問題是他在這些孩子還沒學音樂之前問的：你覺得自己會學這個樂器多久？

麥佛森說：「起先他們大多會回答：『噢，我不知道。』但是你繼續追問幾次後，他們最終會給你一個很確切的答案。即使在那時，他們也有自己的想法了。他們在環境中捕捉到一些訊息，讓他們說出，沒錯，我要那樣做。」

這些孩子被問到打算學這個樂器學多久（選項是：今年、小學、高中、一輩子），然後，他們的答案被濃縮成三個類別：

- 短期承諾
- 中期承諾
- 長期承諾

接著，麥佛森記下每個孩子每週練習時間：低（一週二十分鐘）、中（一週四十五分鐘）、高（一週九十分鐘）。他把這些資料拿來與這些孩子在技能測驗

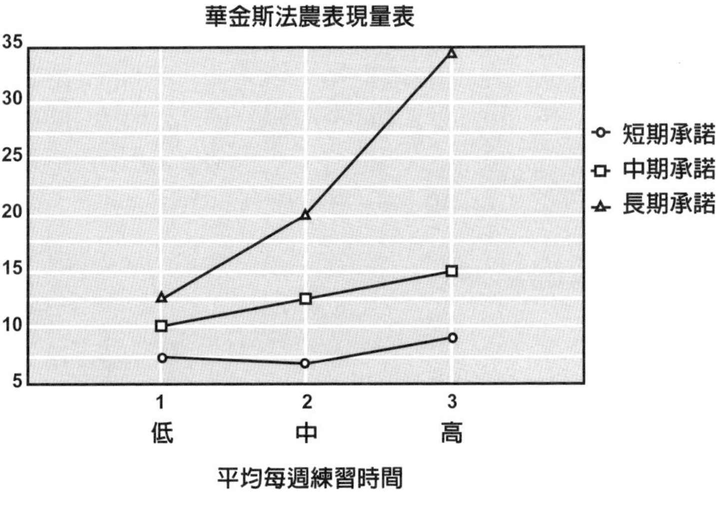

圖表 5-2
圖表提供：麥佛森博士

中的表現做對照，結果的圖表請見【圖表 5-2】。

麥佛森看到這張圖表的時候，非常震驚，他說：「我無法相信自己的眼睛。」孩子的進步幅度並不是取決於任何可測量的性向或特質，而是由他們在還沒學音樂之前的一個微小但強烈的想法決定的。差距十分驚人。在練習量相同的情況下，長期承諾的表現超過短期承諾，超過幅度高達四〇〇%。長期承諾組每週只練習二十分鐘，但是進步得比每週練習一個半小時的短期承諾組還要快。長期承諾結合高水準的練習，技能就會突飛猛進。

麥佛森說：「我們直覺認爲每個新學生都是一張白紙，但其實學生帶到第一堂課的想法，可能遠比老師做的任何事或他們的練習量來得重要。這完全與學生的自覺有關。在很早的時候，他們就有過一個『明朗化經驗』，產生了一個想法，比如『我是個音樂家』。這個想法，就像雪球一樣愈滾愈大。」

要說明滾雪球的運作，麥佛森以克萊瑞莎爲例。在她展現高速進展的前一天，克萊瑞莎的老師試著要教她新曲子〈金婚式〉。和往常一樣，這堂課進行得不太順利。老師在挫折之下，決定吹奏這首曲子的爵士版本。老師吹了幾小節，整個過程大概花了一分鐘。但是一分鐘就夠了。

麥佛森說：「就在他吹奏那幾小節的那一刻，有些事發生了。這首曲子的爵士版本撼動到克萊瑞莎，她被迷住了。她看著老師吹奏這首曲子，老師一定詮釋得別具風格，因爲她把自己想像成一名表演者。老師當時並沒有意識到這一點，但是一切全湊在一起，突然間，克萊瑞莎不知不覺就燃起熱情，渴望學習。」

請注意麥佛森所形容的過程。老師的吹奏讓克萊瑞莎經歷了一股強烈的情緒反應。這個反應，可以說是陶醉、狂喜、愛——瞬間把克萊瑞莎與一個高度易燃的動機燃料槽連結起來，爲她的深度練習提供動力。同樣的事也發生在南韓高爾夫球選手與俄羅斯網球選手。在他們的例子中，利用這種燃料，歷經十年的時間，分別在這兩項運動中稱霸。在克萊瑞莎的例子中，她用這種能量在六分鐘之內做到相當於一個月的練習。

麥佛森的曲線圖，與說明南韓高爾夫球選手及俄羅斯網球選手崛起的【圖表5-1】，呈現出來的並不是性向，而是激發。激發學習進展的並不是什麼內在技能或基因，而是一個微小、短暫卻強烈的想法：一個對未來理想自己的願景，一個給予指引、激勵與加速學習的願景，而這個願景是源自於外在世界。畢竟，這些孩子並不是生來就想當音樂家。他們的願望，就像克萊瑞莎的願望一樣，來自一個獨特的訊號，來自家人、家鄉、老師，以及他們所遇到的一連串影像和人物。這個訊號引起一個幾乎無意識的強烈反應，然後以一個想法表現出來：我想和他們一樣。對這些人來說，這個想法不完全合乎邏輯。（記得，這與他們是否具備聽覺、節奏感或數學能力都沒有關聯。）或許，會有這個想法完全是個意外。但是，意外會造成後果，而這個意外的後果則是，他們起步時就已經被激發了，正是這一點，改變了一切。[2]

扣下扳機

仔細想想，動機很高是一種有點不理性的狀態。一個人爲了日後獲得更大的好處，要犧牲目前的舒適。這不是光講一句「我想要X」這麼簡單，它說的是更複雜的一句話：我以後想X，所以我現在最好狂做Y。我們談論動機，好像它是對原因與結果的理性評估，但實際上它比較接近一種賭注，而且是一種非常不確定的賭注（萬一未來的好處落空呢？）。這種矛盾，可以在馬克·吐溫《湯姆歷險記》的一個場景清楚看到。

湯姆在波莉阿姨嚴格命令之下，正在油漆籬笆。有個名叫班的鄰居孩子漫步經過，為了取笑湯姆，故意跟他說今天下午打算做什麼。

班：「我呀，我要去游泳喔。難道你不想去嗎？但是，你當然寧願幹活兒——對吧？這是當然的嘛！」

湯姆凝視著那個男孩一會兒之後，他說：

「你說的幹活兒是什麼意思？」

「咦，你不就正在幹活兒嗎？」

2 在草山音樂學校，我碰到十幾個孩子，在我問他們為什麼會開始學音樂時，本來答案都非常含糊，他們會說：「我一直都喜歡小提琴／大提琴／鋼琴。」接下來，我問他們父母的職業是什麼，原來這些孩子的家長都是管弦樂團的演奏家。換句話說，這些孩子的童年已經花了數百小時觀看自己在世界上最愛的人練習或演奏古典音樂。根據麥佛森的研究來看，這是高度的激發。說到父母帶來的提示，草山的學生名冊上有三個人的名字是加百列（Gabriels），也就是以音樂天使來命名。

湯姆回頭繼續刷油漆，毫不在意地回答說：

「喔，也許是，也許不是。我只知道，這件事適合給湯姆做。」

「噢，拜託，你不會是在說，你喜歡幹活兒吧？」

油漆刷繼續動。

「喜歡？呃，我看不出我有什麼理由該不喜歡它的。讓小朋友給籬笆刷油漆，這機會可不是每天都有吧？」

這樣一說，刷油漆這件事突然整個改觀了。班停住啃蘋果。湯姆拿著刷子來來回回地刷——後退幾步看看刷得怎麼樣——這裡加一筆、那裡添一點——又評論了一下刷的效果——班看著湯姆的一舉一動，愈來愈感興趣、愈來愈著迷。沒多久他說：

「嘿，湯姆，讓我也刷刷看。」

湯姆考慮了一下，本來就要答應他了，卻又改變心意：

「不——不行——班，這可不行。你知道嗎？波莉阿姨對這道籬笆在乎得不得了——畢竟它就在這條街上——如果是在後院，我才不介意，她也不會。沒錯，她對這道籬笆特別嚴格。一定要很小心漆才行。我想，一千個、甚至兩千個男孩中也找不到一個，能達到她的標準。」

我們都知道接下來發生什麼事：班被激發了，這股動機也一個傳一個給周遭的人，到最後湯姆開心地看著一群社區孩子以物易物，懇求有機會代替他刷籬笆。這段文字儘管是虛構的，卻讓我們知道，最能激發人們的訊號是什麼。

前面一節包含了三個激發的例子：南韓/俄羅斯運動員、挑戰一千六百公尺的跑者，以及音樂初學者。在每個案例中，他們的激發都是被動的。表面上看來可能會覺得激發是源自內心，事實上並不是。每個案例都是在回應一個訊號，訊號以一個圖像的形式傳達給他們：同胞昔日取得的勝利；其他跑者打破紀錄的成就；被老師不經意的表演而擄獲。問題是，這些訊號有什麼共同點？

答案是，每個訊號都與身分認同、群體，以及他們之間形成的聯繫有關。每個訊號就好比閃著紅燈的動機訊號：那裡有人正在做一件非常值得的事。簡而言之，每個訊號都與未來的歸屬感有關。

未來歸屬感是一種「初始提示」（primal cue）：一個簡單、直接的訊號，啓動我們內建的動機觸發器，將我們的精力和注意力導引到一個目標。這個想法在直覺上很有道理。畢竟，我們都會渴望將自己與高成就群體連結而充滿動機。但有趣的是，這些觸發竟然是如此有威力，而且是無意識的。

社會心理學家傑夫．科恩（Geoff Cohen）博士說：「我們是地球上最社會化的生物。每件事都靠著一起努力和合作。當我們接收到一個提示說：應該把自己的身分認同和群體連結，那就像一觸即發的扳機，也像開燈。達到成就的能力已經在那裡了，而灌注到這種能力的能量在飆升。」

科恩這群心理學家的領域正在成長，他們的研究試圖揭開無意識的心理機制，這個機制默默主導人們的選擇、動機和目標。這個研究領域正式名稱是「自動性」，但是為了解說起見，可以說科恩和他的同事就像專門處理引擎點火系統的汽車技師，他們追蹤的是，人的動機與默默啓動動機的環境訊號之間的無形聯繫。研究自動性的專家喜歡指出一個基本事實：人的動機神經線路，並非完全是新的。事實上，大腦內許多動機迴路可以追溯到幾百萬年前，這些神經所在的大腦區域被稱爲「爬蟲類腦」。

耶魯大學心理學家約翰．巴格（John Bargh）在八〇年代是研究自動性的先驅，他說：「追求一個目標，具有動機——這一切都發生在意識出現之前。人的大腦一直在尋找提示：現在要把能量消耗在哪裡。現在呢？現在呢？我們在一個充滿提示的汪洋裡游泳，一直不斷回應這些提示，但就像魚在水中一樣，我們就是沒有看到這些提示。」

我向巴格請教自己在天才產地看到的奇怪模式：這些地方大多是破破爛爛、毫無吸引力。如果所有我去過的天才產地的訓練場所，被神奇魔力組合起來變成一個設施，也就是一個超大型的天才製造所，那這個地方看起來就像貧民窟。建築物是臨時搭建的，屋頂是鐵皮浪板，牆壁光禿禿沒有油漆，戶外長滿雜草又坑坑疤疤。許多天才產地的環境都是這樣亂七八糟，讓我不禁開始覺得，這些孵化器之破舊，跟它出產優秀天才之間，必然有關聯。這一點，巴格認爲完全有道理，而且他立刻就能解釋原因。

巴格說：「如果在舒適、輕鬆、愉快的環境裡，我們自然會不再努力。何必工作呢？但是，如果人們接收到的訊號是這裡很艱苦，那他們就會有動機了。一個環境與設備很好的網球學園，現在就讓他們擁有奢華的未來了，當然他們就不會有動機。這是可想而知的。」

巴格和同事的研究歸結出一項定理，或許可以把它命名為「守財奴原則」[3]：我們的潛意識是個掌管能量銀行的守財奴，它把所有的財富都鎖在金庫裡。直接懇求它打開金庫，通常沒有用，守財奴沒這麼容易上當。但是，當他接收到一組結合完美的初始提示時——你可以這樣說：玻璃杯鏗鏘響，能量金庫飛快開，聖誕節就突然來。

幾年前，科恩及他的同事葛雷利·華頓（Gregory Walton）試圖做出動機爆發的實驗。他們找來一群耶魯新生，要他們閱讀一疊心靈雞湯式的雜誌文章，其中一頁是有個學生內森·傑克森（Nathan Jackson）以第一人稱的敘事。傑克森的故事很短：他進大學時並不知道未來要從事什麼職業，後來他喜歡上數學，現在他很開心地在大學數學系任職。這篇故事包含一小段傑克森的個人背景資料——家鄉、學歷、生日。

這篇文章與其他文章一樣都是讀過就忘的那種，除了一個非常不容易察覺的細節：有半數受試學生拿到的文章中，傑克森的出生日期被改成和該學生完全一樣。他們讀完這篇文章之後，科恩和華頓測試這些學生對數學的態度，並且測量他們的持久力，也就是他們願意花多久時間來解一道很難的數學題目。

測驗結果出爐後，科恩及華頓發現，生日相同的那個受試組對於數學的正面態度非常顯著，對於解決困難問題的堅持時間多出六五％。而且，這些學生並沒有感覺到任何有意識的改變。用華頓的話來說，生日相同這個巧合「對他們產生潛移默化的影響」。

華頓說：「他們受試時是自己在一個房間裡，門是關著的，與外界隔絕，但是（生日連結）對他們還是有意義。他們並不孤單。對數學的愛與興趣，成為他們的一部分。他們並不知道為什麼。這就好像，突然之間，是**我們**一起解題，不

3 譯注：守財奴，或稱小氣鬼（Scrooge），典故出自英國作家狄更斯小說《聖誕頌歌》的角色。

是只有**我**一人。」

華頓繼續說：「我們推測，這些事件是很有力量的，因爲它們很小又間接。如果我們把這項資訊直接告訴他們、如果他們注意到這項資訊，那效果就會比較小。這並不是策略性的。我們想到它的時候並不是認爲它有用，因爲我們根本就沒有想到它。這完全是自動的。」

如果深度練習的概念模型是被髓鞘一圈一圈包覆起來的神經迴路，那麼，激發的模型就是連接到高壓發電廠的開關。因此，激發作用取決於簡單的「若P則Q」命題，其中「則Q」的部分，都是相同的：你最好開始行動。看到你想成爲的那個人嗎？你最好開始行動。想追上那群厲害的人嗎？你最好開始行動。巴格和他的同事已經做過幾個這種看似奇蹟的實驗，他們運用微小的環境提示（例如：藏在字謎遊戲裡的激勵字眼），在毫不知情的受試者身上操縱他們的動機和努力程度。研究者已經累積了許多支持數據，能解釋爲什麼這個方式會這麼有效。舉例來說，大腦在潛意識中，每秒鐘可以處理一千一百萬則資訊，而有意識的狀態下，只能處理大約四十則。這種天差地別的差距顯示，將心理活動交給潛意識的效率與必要性，也有助於我們了解，爲什麼無意識狀態會這麼有效。

有一個範例更能呈現出初始提示的威力，不過這個範例是意外發現的。一九七〇年代，紐約長島的臨床心理學家馬丁・艾森斯塔特（Martin Eisenstadt），針對那些能在《大英百科全書》占據半頁篇幅的傑出人士，從古希臘詩人荷馬到美國總統甘迺迪，有作家、科學家、政治領袖、作曲家、軍人、哲學家、探險家等等，總共五百七十三人，他追蹤這些人的父母歷史。

艾森斯塔特感興趣的並不是動機本身；事實上，他是在驗證自己提出的理論：天才與精神病患者跟父母早逝之間的關聯。但沒想到，卻完美證明動機和初始提示之間的關係。

研究結果是，這群傑出人士之中，父母早逝的人竟然爲數眾多。父母早逝的政治領袖有凱撒（十五歲喪父）、拿破崙（十五歲喪父）、十五位英國首相、華盛頓（十一歲喪父）、傑佛遜（十四歲喪父）、林肯（九歲喪母）、列寧（十五歲喪父）、希特勒（十三喪父）、甘地（十五歲喪父）、史達林（十一歲喪父），以及（反射式貼上）比爾・柯林頓（襁褓期喪父）。這張名單上的科學家和藝術家包括哥白尼（十歲喪父）、牛頓（遺腹子）、達爾文（八歲喪母）、但丁（六歲喪母）、米開朗基羅（六歲喪母）、巴哈（九歲父母皆逝）、韓德爾（十一歲喪父）、杜斯妥也夫斯基（十五歲喪母）、濟慈（八歲喪父、十四歲喪母）、拜倫（三歲喪父）、愛默生（八歲喪父）、梅爾維爾（十二歲喪父）、華茲華斯（七歲喪母、十三歲喪父）、尼采（四歲喪父）、勃朗特三姐妹（分別在五歲、三歲、一歲喪母）、吳爾芙（十三歲喪母）、馬克．吐溫（十一歲喪父）。平均起來，這群傑出人士第一次失去父親或母親的年紀是十三．九歲，而對照組則是十九．六歲。總之，這份名單的深度及廣度足以證明一九七八年有項法國研究提出的問題：**統治世界的是孤兒嗎？**[4]

用基因來解釋世界級的成就，在這裡是行不通的，因爲這份名單上眾人之間的連結是人生事件，與染色體沒有關係。不過，當我們把幼年喪親視爲引起動機的單一觸發點，連結就很清楚了。父母早逝是一個初始提示：**你不安全**。

就算你不是心理學家也會知道，缺乏安全感會產生的巨大能量；你也不必是達爾文才能理解這種反應是怎麼演化來的。這個訊號能改變一個孩子與世界的關

4 為了補充艾森斯塔特的研究，以下是十八歲之前喪親的演藝明星部分名單。喜劇：史提夫．艾倫（兩歲喪父）、提姆．艾倫（十一歲喪父）、露西兒．鮑爾（三歲喪父）、梅爾．布魯克斯（兩歲喪父）、杜魯．凱利（八歲喪父）、卓別林（十二歲喪父）、史蒂芬．柯伯（十歲喪父）、比利．克里斯多（十五歲喪父）、艾力克．埃鐸（六歲喪父）、艾迪．以札德（六歲喪父）、伯尼．麥克（十六歲喪母）、艾迪．墨菲（八歲喪父）、蘿西．歐唐納（十一歲喪母）、莫莉．香儂（四歲喪母）、馬丁．肖特（十七歲喪母）、雷德．斯克爾頓（襁褓期喪父）、史慕瑟斯兄弟（七歲、八歲喪父）、崔西．鄔曼（六歲喪父）、佛萊德．威拉特（十一歲喪父）。音樂：路易斯．阿姆斯壯、東尼．班奈特、五角大帝、艾瑞莎．弗蘭克林、鮑勃．格爾多夫、羅伯特．高勒特、伊薩．海斯、吉米．亨德里克斯、瑪丹娜、查理．帕克。激發效應似乎也存在於披頭四（保羅．麥卡尼十四歲喪母、約翰．藍儂十七歲喪母）以及U2（波諾十四歲喪母、小賴利．慕蘭十五歲喪母）。電影：凱特．布蘭琪、奧蘭多．布魯、米亞．法蘿、珍．芳達、丹尼爾．戴路易斯、伊恩．麥克連、勞勃．瑞福、茱莉亞．羅勃茲、馬丁．辛、芭芭拉．史翠珊、莎莉．賽隆、比利．鮑伯．松頓、班尼西歐．岱托羅、詹姆士．伍茲。這份名單當然不包括因為離婚、生病或其他原因與父母失聯的，這會占掉一整本書。由於失親而導致激發作用，最清楚的表述來自作曲家兼製作人昆西．瓊斯，他的母親患有思覺失調症。他說：「我從來不覺得自己有母親。我曾經坐在衣櫥裡說：『如果我沒有媽媽，就不需要媽媽。我要讓音樂和創作當我的媽媽。』這從來沒有讓我失望過。從來都沒有。」

係，重新定義他的身分認同，灌注能量並引導他的思維來應對生命中的危險與可能性——艾森斯塔特把這種反應歸結成「一個強烈補償能量的跳板」。或者就像迪恩·西蒙頓（Dean Keith Simonton）在《天才的起源》（*Origins of Genius*）寫到父母早逝時提到：「這種逆境培養出堅強的人格，在達到成就的路途上足以克服許多障礙與挫折。」

如果我們再往前一步，假設艾森斯塔特這份清單上許多世界級的科學家、藝術家、作家，都做到必須的一萬小時深度練習，那他們的激發機制就變得更明顯了。並不是父母早逝讓他們具有才華，而是「你不安全」這個初始提示觸動古老的自我保護演化開關，爲他們的努力提供能量，讓他們後來的人生歲月在一步一步、一層又一層地包覆中累積各種才能。以這個角度來看，艾森斯塔特的名單上這些超級明星，並不是天賦異稟，而是主宰你我所有人的共通原則的合理延伸：

① 才華需要深度練習。

② 深度練習需要大量能量。

③ 初始提示觸發了巨大能量的迸發。

巴茲佐奇斯可能會指出，優秀傑出的人一般來說都在青少年時期接收到這個訊號，這時正值大腦關鍵發展時期，資訊處理路徑對髓鞘特別有接收能力。[5]

第二個激發的例子，比較接近一般家庭。我家有六個人，最小的女兒柔伊七歲時，是同齡孩子中跑最快的。她的腳步速度似乎是天生的，不過自從我開始學到與髓鞘有關的事之後，我開始思考，柔伊的腳步速度有多少是與生俱來的，有多少又是出於身爲老么所得到的練習與動機？

---

5 當然，父母早逝或缺席不必然會讓人有才能或成就，同樣的人生事件也可能使人衰敗——因此艾森斯塔特把它連結到精神病患者。或者，在已故父母會虐待孩子的案例中，父母早逝反而改善孩子的人生。艾森斯塔特這份名單的重點是比例：整體來說，父母早逝的人比較有機會、工具和動機，利用大量的補償能量，讓髓鞘和技能成長。他們是用它成為約翰·藍儂，還是刺殺林肯總的約翰·布斯，這就是造化和環境的問題了。

我對朋友圈的孩子做了非常不科學的調查。似乎有個模式：老么常常是跑最快的。我稍微擴大了取樣範圍，結果更有趣了。以下是歷來一百公尺世界紀錄保持人，以及這些跑者在手足中的排行。第一位是二〇〇九年的世界紀錄保持人，第二位是前一個世界紀錄保持人，依此類推。

①尤塞恩·博爾特，三個孩子中排行第二
②阿薩法·鮑威爾，六個孩子中排行第六
③賈斯廷·加特林，四個孩子中排行第四
④莫里斯·格林，四個孩子中排行第四
⑤多諾萬·貝利，三個孩子中排行第三
⑥勒羅伊·布瑞爾，五個孩子中排行第四
⑦卡爾·路易斯，四個孩子中排行第三
⑧布瑞爾，五個孩子中排行第四
⑨路易斯，四個孩子中排行第三

⑩ 卡爾文・史密斯，八個孩子中排行第六

雖然樣本數很小，但是模式很明顯。這份名單裡面有八個人（布瑞爾和路易斯各出現兩次），沒有一個是長子，而且只有一人是家中排行比較前面的。整體來說，歷史上速度最快的跑者，平均出生在擁有四・六個子女的家庭，而且排行老四。我們也在美式足球聯盟排名前十的跑衛中發現類似結果，在平均有四・四個子女的家庭中排行三・二。

這種模式令人驚訝，因爲速度似乎是天賦，看起來與感覺上都是。然而，這個模式顯示，速度並不完全是天賦，而是透過深度練習而來的技能，而且是由初始提示所激發。在跑步速度的例子中，這個提示是：**你落後了——快跟上！**我們應該可以合理推測，大部分家庭的孩子在童年時期，接收與送出這種訊號幾百、幾千次，年紀比較大又比較強壯的孩子對年幼的孩子送出訊號，而年幼孩子則以年長孩子（他們的基因遺傳是一樣的）從未有機會體驗過的努力和強度做出回應。（請記得，髓鞘與神經脈衝速度有關：髓鞘愈多，你的肌肉啓動速度就愈快，這對短跑者特別重要。）

這並不是說，在大家庭裡排行較小的孩子就一定跑比較快；也不是說，父母早逝的人會成爲英國首相的機會很大。但是它說的是，速度快就像任何其他才能，匯集了許多基因以外的因素，而且直接相關的是，對引起動機的訊號做出強烈的潛意識反應，它提供能量做出深度練習，進而讓髓鞘增長。麥佛森研究的音樂學習者、南韓高爾夫球選手、俄羅斯網球選手、柔伊，以及其他在這張清單上的人，他們有才能並不是因爲天生如此，而是因爲在某個神祕的時間點，他們抓住一個很有力量的想法，這個想法源自於他們周圍的一連串影像和訊號，這些微小的火花點亮了他們。**技能是包覆在神經迴路的絕緣層，它會對某些訊號做出反應而增長。**

噢，我眞是幸運啊！

安全感和未來歸屬感，是很強大的初始提示。但是，它們並不是激發才華唯一有用的提示。

一九八〇年代早期，有個年輕小提琴老師羅貝塔．札伐拉絲（Roberta Tzavaras）決定將古典音樂帶進紐約市哈林區的三所公立小學。問題是，學生人數遠多於小提琴數。爲了解決這個問題，並強調她的「每個孩子都能學會拉小提琴」理念，札伐拉絲決定抽籤。第一班孩子是抽中進來的，他們進展快速，令人驚訝。第二班與第三班也一樣。這個課程愈辦愈好，後來被稱爲「歐帕斯 118 哈林弦樂中心」（Opus 118 Harlem Center for Strings），札伐拉絲和她的學生去過卡內基音樂廳和林肯中心表演，還上了《歐普拉秀》。他們的成功，啓發了一部紀錄片《小奇蹟》，以及一部一九九九年的好萊塢電影《心靈眞愛》。

很自然的，其他公立學校也想仿效歐帕斯 118，發展出自己的版本，其中有兩個公立學校：哈林區的瓦德里表演與視覺藝術中學（Wadleigh Secondary School of the Performing and Visual Arts），以及布魯克林的法烈布殊的 PS 233 學校。這兩個學校的課程在比較上很有用，因爲他們差不多是同時開始的，而且指導老師剛好是同一位：來自哈林藝術學校的大衛．柏奈特（David Burnett）。把兩校放在一起比較，還有一個好處是，一個成功、另一個卻失敗。

事先預測哪個課程會成功，似乎很容易。瓦德里比 PS 233 有更多優勢，包括以藝術爲主的課綱、家長送孩子來這個學校就表示相信藝術教育的價值、學生應該是對音樂眞的有興趣、瓦德里有一個嶄新的音樂廳，以及學校預算可以爲每個想學的學生購買小提琴。至於 PS 233，它是一個典型的市區公立學校。學生對小提琴或一般藝術並沒有明顯的興趣。而且，資助這個計畫的基金會只能提供五十五支小提琴，大部分尺寸都太小了，柏奈特被迫採用像歐帕斯[118]那樣的抽籤決定誰可以進入這個計畫。兩個計畫展開之後，結果似乎是注定的：瓦德里會成功，PS 233 會失敗。

但一年後，是瓦德里的課程辦不下去，PS 233 課程愈辦愈好。瓦德里的課程受挫於學生的紀律問題，而 PS 233 的學生行爲良好。瓦德里的學生嘲笑那些琴拉得好的人，還會阻擋他們繼續學習，而 PS 233 的學生不僅安分練習，還持續進步。我問柏奈特這該如何解釋，他只說瓦德里的計畫「辦不起來」。

爲什麼？我相信，部分答案可以在歐帕斯 118 的《小奇蹟》紀錄片中找到。這部片一開始拍攝札伐拉絲來到一個一年級班上表演，然後向孩子介紹一個團體，如果幸運的話，將來他們也可能加入它。札伐拉絲在解釋抽籤計畫如何運作時，班上孩子緊張地跳上跳下。他們吵著要把申請書拿回家給爸媽。一、兩個星期後，一種期待感漸漸增加。札伐拉絲帶著一疊抽中的申請書回到班上，接著在一片死寂中念出被幸運抽中的名字。那些孩子聽到自己名字時的反應，就像被電到一樣，手舞足蹈又尖叫，開心地揮舞地雙臂。他們跑回家告訴爸媽這個驚喜消息：我被抽中了！他們不懂 A 弦是哪一條，但是這完全不要緊。他們就像麥佛森研究中的長期承諾組，他們被激發了，這才是最重要的。

如果才華是一種天賦，隨機散布在全世界孩子之中，我們自然會認爲瓦德里的課程計畫應該是會成功的那一個。但是，如果才華是一個過程，會因爲初始提示而被激發，那麼，**PS 233** 計畫會成功的原因就很清楚了。兩所學校的基因潛力是一樣的，老師與教學也相同；不同的是，瓦德里的學生接收到的動機相當於輕輕推一把，而 **PS 233** 學生則是被稀缺性與歸屬感的初始提示所激發。這兩個案例的孩子所呈現的反應方式，與任何人都一樣。

讓我們回到前文所問的問題。爲什麼湯姆能說服班代替他漆籬笆？答案是，湯姆對班拋出初始提示，拋出的速度與準確度，就跟馬戲團裡的飛刀手一樣。只不過兩、三句話，湯姆就擊中要害，那就是**限定性**（「我只知道，這件事適合給湯姆做……我想，一千個男孩中也找不到一個……」）和**稀缺性**（「讓小朋友給籬笆刷油漆，這機會可不是每天都有吧？……波莉阿姨對這道籬笆在乎得不得了……」）。他的手勢與肢體語言都在重複同樣訊息（他「凝視著那個男孩一會兒」「後退幾步看看刷得怎麼樣——這裡加一筆、那裡添一點——又評論了一下刷的效果」），好像在做一件極端重要的工作。如果湯姆只送出一、兩個這種訊息，或者如果這些訊息被鬆散分散到一小時，那麼他發出的提示就沒有效果了，班的觸動點就不會被碰到。但是，充分結合的各種提示，一個接一個打開班的激發開關，成功撬開他的動機能量庫。

我們通常會把《湯姆歷險記》這段文字看成是巧妙騙術的範例——湯姆哄騙容易上當的傻小子去做不討好的工作。初始提示的心理學，則讓我們用一種稍微不同的角度去看它。湯姆的訊號有效，並不是因爲班是粗心大意的笨蛋（說眞的，粗心大意的笨蛋只會聳聳肩，走開去游泳）。湯姆的訊號有效，是因爲班就像馬克·吐溫寫的，他「看著每個動作」，而且「愈來愈感興趣、愈來愈著迷」。班的反應，是一個細心留意的孩子做出的反應，他看到湯姆的工作中有吸引人的部分，他被激發了——就和南韓或俄羅斯那些細心留意的孩子一樣，就和柔伊看著哥哥姐姐跑在她前面一樣。激發不會遵守一般規定，因爲它本來就不是設計來遵守規定的。它是專門設計來發揮作用、讓我們有能量做出自己選擇的工作，不管那是什麼——或者說，就像我們接下來會看到的，它是爲了命運幫我們選擇的工作提供能量。

第6章

古拉索實驗

整座島都驚動了。

——魯奇奧・安東尼亞（Lucio Anthonia），

古拉索小聯盟球員的家長

菜鳥球員投下的震撼彈

每年八月，在美國賓州威廉斯波特舉行的少棒聯盟世界大賽，一支十一、二歲古拉索少年組成的球隊，都會上演一場生動的大衛對歌利亞巨人之戰。確切地說，它比較像大衛對上十五歲的歌利亞。整場賽事總共有十六支隊伍，球員絕大多數是孔武有力的大男孩，而這支來自加勒比海偏遠小島的隊伍，體型精瘦、編制不足、名不見經傳，卻不斷獲勝。[1]在這個世界級的比賽中，連續兩年晉級就被認爲是了不起的成就，而古拉索男孩在過去八年內，六次打進準決賽，二〇〇四年獲得冠軍，二〇〇五年亞軍。運動電視台ESPN主持人封古拉索爲「潛力無窮的小島」。

古拉索的成就更令人驚豔，因爲與他們打敗的球隊比較起來，它的設備非常簡陋（整座島上只有兩座少棒聯盟的標準場地，以及一個用破漁網建造的打擊練習區）。

此外，古拉索棒球季只有五個月，每週練習三次，週末打比賽。這與委內瑞拉等地從年頭打到年尾的安排，形成鮮明對比。二〇〇七年世界大賽，我在威廉斯波特看到古拉索這支隊伍時，他們最小的球員看到日本隊在早餐之前練球，覺得驚異。（有個球員不解地問我：「爲什麼他們要這樣？」）

這支大家都不看好的隊伍最令人注目的是，它的成功可以往上追溯到一個激發時刻——應該說是兩個，大約各三秒鐘。這兩個時刻發生在一九九六年十月二十日的洋基體育館，亞特蘭大勇士隊對紐約洋基隊的世界大賽開幕戰。就像許多激發時刻一樣，這場賽事吸引人是因爲勝負極度仰賴機運，根本就是只靠球棒碰到球那個相當於郵票大小的接觸面積定奪輸贏。稍微偏移一點點，再參照歷史的經驗，古拉索現象根本不會發生。

1　以二〇〇七年來說，來自美國中西部的少棒球員，平均身高是一六七．五公分、體重六十二公斤。古拉索的球員平均身高是一五二公分、體重四十八公斤。

那天在洋基體育館的情勢似乎不容樂觀：零比零平局，第二局上半，勇士隊的跑壘者在一壘。一個沒沒無聞的十九歲古拉索菜鳥安德魯·瓊斯在打擊區揮動球棒，胖嘟嘟的臉上浮現一抹蒙娜麗莎的微笑。瓊斯在球季剛開始時，還在小聯盟1A，這場比賽開打前兩個月才升上大聯盟。洋基隊王牌投手安迪·派提特像鬥牛士那樣冷冷瞪著他。派提特只比瓊斯大幾歲，但是這幅畫面的故事很清楚：經驗豐富的老手對上天眞的菜鳥。

派提特投到滿球數，接著投出他最看家的本領——刁鑽滑球。他打算誘使這名菜鳥做出大部分菜鳥在這種情況下會做的事：被騙、勉強揮棒、擊出滾地球、造成雙殺。但是瓊斯並不是大部分的菜鳥。瓊斯看清楚滑球的旋轉，一棒揮出，把球打到左外野觀眾席。五萬六千名洋基球迷鴉雀無聲，看著瓊斯帶著大大的微笑飛奔跑壘。

這是相當突出的優秀表現，不可能再更好了。但是好戲還在後頭。下一局，瓊斯走上打擊區，這時又是滿球數，他再把球擊向左外野看台。電視播報員驚呼一聲，結結巴巴地解說，好像在解一道數學難題：世界大賽＋洋基球場＋無名少年＝連續兩支全壘打？

接下來，媒體關注有如核彈爆炸，全都在說瓊斯與生俱來的天賦，拿他與羅伯托・克萊門特、米奇・曼托、達文西相提並論，驚嘆他敏捷的手腕不是凡間之物，而是上天賜予。（事實上，瓊斯的敏捷並不是上天賜予。瓊斯從兩歲就開始揮棒了，由他父親亨利當教練。年紀再大一點的時候，他是拿榔頭當球棒揮，一週練習三次；繞圈轉動手腕來建立手的速度與強度。瓊斯後來說：「（我爸）教我的棒球就是：拚命練。」）紐約州古柏鎮的棒球名人堂要求收藏瓊斯的球棒。《法新社》把他的表現稱爲「世界大賽史上最傑出的初登場」。瓊斯的歷史性優秀表現就像一陣地震波一樣，在全世界的電視上不斷播放。

但與瓊斯的家鄉威廉斯塔德的盛況相比，這一切都不算什麼。古拉索少棒聯盟創辦人法蘭克・庫列爾（Frank Curiel）還記得瓊斯打出全壘打時他聽到的聲音：「非常非常大聲。有人放鞭炮、每個人都在大喊大叫，所有人都醒了。」

幾週之後，第一波餘震出現，少棒聯盟招收球員時，有四百個孩子加入。他們的動機可能更強烈了，因爲他們知道，瓊斯之前甚至並不是島上最厲害的球

員，他十五歲時從三壘手轉任外野手，這樣才能有更多上場時間。（畢竟，如果他能做到……）[2]

就算注入這些熱情洋溢的新血，但古拉索的棒球人才大爆發還是需要時間來發展，就像俄羅斯網球選手和南韓高爾夫球選手一樣——畢竟，髓鞘並不是隔夜就能長出來。直到二〇〇一年，也就是瓊斯打出全壘打之後的五年，才有一支古拉索少棒聯盟的隊伍來到威廉斯波特的賽場，參加少棒聯盟世界大賽。主辦單位認爲這支球隊打進來只是僥倖。畢竟，之前古拉索只有一次獲得少棒聯盟參賽資格，那是在一九八〇年，正如少棒聯盟的新聞發言人克里斯多福．道恩斯（Christopher Downs）所說：「（古拉索）戰績一直很慘。」不過，古拉索少棒隊卻讓大家跌破眼鏡打入這個國際大賽的決賽，半數球員是在瓊斯打出兩記全壘打之後加入球隊。雖然以二比一輸給最後得到冠軍的東京少棒隊，但是他們成功鞏固了「扳倒巨人」這條故事線。

就跟任何天才產地一樣，古拉索的成功並不完全是因爲初始提示所創造的激發。其他因素包括有紀律的文化、一流的教練指導、家長支持度、國家光榮、熱愛棒球，當然還有相當充分的深度練習。（就我所見，瓊斯式訓練風格是規定，而不是特例。）

古拉索之所以有趣還有另一個原因，就是位在它西邊僅數十公里的阿魯巴島。阿魯巴島在各方面都非常像古拉索。人口差不多、語言一樣、文化上同樣受到荷蘭影響，同樣喜愛棒球，甚至連旗幟都幾乎一模一樣。阿魯巴島有幾支程度不錯的少棒隊，最近幾年跟古拉索旗鼓相當。更重要的是，阿魯巴甚至還出了一個美國職棒大聯盟的球員，在一九九六年曾經被認爲比瓊斯更有前途，這位職棒明星叫做席德尼·龐森（Sidney Ponson），早年加入巴爾的摩金鶯隊時成績不錯。就跟瓊斯在勇士隊一樣，興奮的火花及參與度爲阿魯巴少棒聯盟提供能量。

---

2 有趣的是，這個模式也發生在一千六百公尺的跑者得知班尼斯特成功打破四分鐘紀錄的時候。在此之前大家不認為他是世界上的奇才。同樣的情況在庫妮可娃身上也是，她以前經常被許多網球隊友打敗。在這兩個例子中，同儕的反應都是不敢置信，然後立刻產生了高度動機：我也行？

這兩座島嶼就像雙胞胎，都有動機火花，但是古拉索被激發了，阿魯巴卻沒有。爲什麼？

一部分原因是，古拉索就像其他天才產地一樣，找到方法做一件非常重要卻困難的事：**使動機的火苗保持燃燒**。說服守財奴打開寶庫是一回事，說服他年復一年大手筆購買聖誕節大餐的肥鵝，又是另一回事。在維持火苗的科學和實務上，古拉索意外成爲天然的研究案例。

西斯汀禮拜堂效應

激發作用，不管是在古拉索或其他地方，並不是保證會成功。每一個激發許多優秀人才的重大突破，同時也會有其他幾十個重大突破在後續漸漸式微。德國的鮑里斯．貝克（Boris Becker）十七歲在溫布頓奪冠，但是並沒有啓發其他德國網球選手；塞萬提斯的作品《唐吉訶德》在莎士比亞時代大放異彩，但是在他的家鄉西班牙卻沒有激起太大的漣漪；畫家孟克以作品《吶喊》聞名，仍然是唯一的挪威表現主義派畫家。這些案例與其他此類案例，向我們提出一個有趣的問題：爲什麼重大突破的表現，有時候會激發天才大量出現，有時卻不能？

答案是，天才產地除了單一的初始提示之外，還有別的。天才產地集結各種複雜訊號——人、影像、想法，才讓激發作用持續到技能成長所需的數週、數月、數年。初始提示對於天才產地的意義，就像霓虹燈對於拉斯維加斯的意義一樣，閃爍的訊號能讓動機持續燃燒。

想像一下，年輕的米開朗基羅在佛羅倫斯的一個下午會碰到的人事物。走個半小時，他就能拜訪十幾位大藝術家的工作坊。這些地方不太像工作坊，比較像蜂巢，由一個大師監督，底下是一個由熟手和學徒組成的團隊，忙著爭取委託案、趕件、製作圖樣、測試新技法。他可能會碰到多納泰羅的聖馬可雕像、吉貝爾蒂的《天堂之門》，還有從他的老闆基蘭達奧到馬薩喬、喬托、契馬布耶等藝術家的創作——都是建築、繪畫及雕塑中最偉大的作品。這一切都集中在幾條街以內；這一切都是日常生活景觀的一部分。所有閃光訊號都累積成一個充滿能量的訊息：**你最好開始行動**。

或者，想像一下莎士比亞時代，倫敦美人魚酒館的景象。在那裡，與環球劇院隔河相望，當時的大作家——克里斯多福·馬羅、班·強生、約翰·多恩、沃爾特·雷利，聚在一起談彼此的作品、較量智識。或者，想像一下古希臘雅典的學院和呂刻昂學園，柏拉圖、亞里斯多德等人在這裡教學、辯論、學習。或者在擠滿人群的巴西聖保羅大街上，在那裡走一下午，我試著記下看到多少與足球有關的訊號：電視精采片段、廣告看板、無意中聽到的交談內容、四場五人制足球非正式比賽、五個孩子在街上盤球。我大概記錄到五十個訊號之後就算不清楚了。

位於古拉索威廉斯塔德的庫列爾球場，看起來並不像古希臘。鋁製的露天看台凹陷，本壘板後面有個賣小吃的小屋，我去看練習那一天，幾個家長在那裡喝可樂閒聊。球隊正在做上場前的暖身，投球接球、笑笑鬧鬧的。看起來有點像小城鎮的棒球場，只是比較破舊。不過這些只是偽裝。事實上，我仔細一看，這地方到處都是初始提示。

第一個提示是一百八十公分高、穿著平整花襯衫的人，他手裡端著一個紅色小杯子，裡面裝著帝王威士忌和紅牛飲料。這就是庫列爾本人，六十八歲，聯盟創始人、場地管理員、賽程安排人、賣可樂的老闆、控制燈號的人、獎盃保管人，以及這個小王國的仁慈統治者。他像是帶著熱帶風格的黑手黨老大，兩者相似之處從他輕聲沙啞的說話嗓音透露出來。庫列爾帶我參觀他的球場，一邊走一邊講述他的故事：四十五年前是如何把少棒聯盟帶到島上、在波多黎各看到傑出的克萊門特打球、如何決定成立少棒聯盟、去麻州的春田學院學體育、在古拉索的運動休閒局找到工作、開車在威廉斯塔德社區招募孩子來打球。

「他們來打球，然後他們的孩子也來打球，現在孩子的孩子來打球。我是看著他們長大的。」

像庫列爾這樣熱心奉獻的組織者，我們經常會形容他們是「住在球場上」。對庫列爾來說，這句話不是說說而已。他家就在本壘板後面，長三公尺、寬四公尺的鐵皮屋，用幾根鐵樁當基座把小屋架高，用鐵鍊固定幾片圍籬，防止界外球飛進他的湯裡。這棟小屋裡塞滿了獎盃、獎牌、器材、照片，幾乎要淹沒床和電視了，這是庫列爾少數幾樣家居物品。庫列爾總是在球場上，觀察、把場地犁平、開燈與關燈、照看孩子。屋子下的門廊就當做棒球名人堂，貼了好幾張照片，是這個島的棒球歷史上最偉大的時刻。某幾個晚上，庫列爾在門廊擺好電視，讓孩子聚過來看美國職棒大聯盟比賽，或是經常播放畫面很粗糙的瓊斯擊出全壘打的錄影帶。

庫列爾像王子一樣凝視著自己的領土。「要打球，需要三件事。」他吐出這幾句話，碰碰身體，好像在畫十字那樣：「心、頭腦、球。如果你有兩樣，你可以打球，但是一定不會很厲害。要打得好，必須三樣都有。」

我們在棒球場上走走。靠近三壘，庫列爾停下來糾正一個小男生接滾地球。他迸出一連串當地的帕皮阿門托語，聽起來很像雷鬼唱片高速倒退播放。庫列爾告訴那個男孩，要向前移動接球。「像這樣。」他把威士忌放下來，示範動作，假裝有一顆球滾過來，然後投向一個看不見的壘包：「就是這樣！對！」那個男孩看著，點點頭，做出動作。

在擋球網後面有一張水泥桌，兩個男人坐在桌邊對著耳機說話。他們在準備古拉索電台每週一次比賽的廣播，器材都是自己組裝。他們旁邊站著一個戴紅色棒球帽的男人，名叫費爾明．柯羅內爾（Fermin Coronel），他是聖路易紅雀隊的球探，也是住在這個島上的幾個大聯盟球探之一。坐在他們四周的是家長，言行舉止輕鬆隨意，使人看不出他們對棒球戰術與歷史具有豐富的知識。一個大約五十幾歲的媽媽告訴我：「看這男孩，他速度快了很多。」另一個男人對我說，他十一歲兒子自己練習哪些項目，包括一週慢跑三次、用啞鈴加強核心肌力，「傑貞斯也是這樣練身體的」。他指的是吉爾．傑貞斯，加入亞特蘭大勇士隊第二年，是備受矚目的投手。順便一提，傑貞斯的爸爸就站在擋球網邊。

接著看看這些孩子。在這個鬆散的等級體系下，最上面的是年紀比較大的青少年，他們在少棒聯盟打球，也幫忙教球。許多青少年都去過威廉斯波特，還戴著舊舊的少棒世界大賽的棒球帽，好像榮譽勛章一樣。接下來是一群年紀遞減的孩子，對他們來說，少棒世界大賽的記憶猶新，他們這群少年參賽回來，講著噴射機與電漿電視的事情，還見到大聯盟球星、看到自己出現在 ESPN 頻道上。接下來是試著在今年組成那支明星球隊的年齡層（他們是所有人裡面最認真的），最後是幾個四、五歲的孩子，他們好像許多小貓咪那樣在活動中進進出出，機警又敏捷。

庫列爾棒球場雖然是個球場，但它比較像是一扇窗，讓這些孩子透過它看到頭上的天堂，一層一層整整齊齊的，像中世紀繪畫那樣。首先要進入少棒聯盟明星隊伍（成爲其中一員）。接著是像明星一樣去威廉斯波特（成爲其中一員）。然後最重要的是，讓球探簽下你，在大聯盟打球（成爲其中一員）。

對於庫列爾棒球場的孩子來說，這些並不是虛無縹緲的夢境或光鮮亮麗的海報，而是挑選梯上[3]可以碰得到的一階，清楚明顯的可能性反映在廣播傳來的聲音、一堆獎盃、大聯盟球探的太陽眼鏡反射出來的金屬閃光（看到這條街上那棟房子嗎？車道上停著一輛很棒的休旅車那棟？那是瓊斯他媽媽的房子！）在動機方面，這個棒球場對一個六歲孩子來說，就像站在西斯汀禮拜堂。天堂的證明就在這裡：你能做的就是睜開眼睛。

在古拉索某個傍晚，我跟著菲利柏．利威林（Philbert Llewellyn）在威廉斯塔德開車到處繞。利威林就像古拉索少棒聯盟裡的大部分成人一樣，身兼好幾份工作：教練、電台球賽播報員，也是警察局小隊長。大約晚上八點，利威林的手機響了，我以爲是警察職務的事。結果卻是兩個球員在打賭，急著找他問一條不清楚的棒球規則。利威林說出他的決定（不行，如果跑壘者上到二壘要跑到三壘，打者犧牲不算有功勞）。掛斷電話，他抱歉地微笑說：「這種事常有。」

我本身有時候會擔任少棒教練，至今已經超過十年，我也接過求援電話，想知道賽程表、球衣號碼、披薩聚餐，更別說偶爾有球員對我太太感興趣，想要跟她說話。但是我從來沒有接到電話打來是因爲兩個球員在爭執高飛犧牲打的細則。

利威林聳聳肩，一副身爲警察見怪不怪的樣子：「他們整天都在想棒球，腦袋裡不停在轉的就是棒球。」

3 挑選的力量，最生動的例子是一九八七年我在斯巴達克網球俱樂部看到的。教練羅莎・伊絲蘭諾娃（Rauza Islanova）新班招收二十五個七歲孩子。每兩週左右，她就會踢走一個學生。最後留下來的七個孩子，其中三個成為世界排名前十的選手：伊蓮娜・狄曼提娃、阿娜斯塔西亞・米斯金娜、馬拉特・薩芬。狄曼提娃說：「一個班這樣算表現不錯了。」

讓我們回到一開始那個問題：爲什麼古拉索順利成爲天才產地，而阿魯巴卻失敗？這兩個地方的基因組成、文化、啓發的火花都一樣，難道阿魯巴沒有被激發嗎？除了那些已經說過的因素之外，我們也應該考慮這兩個地方各自的激發火花。出身阿魯巴的投手龐森，本來有大好前途，結果卻有酗酒問題。他後來體重過重，換過好幾支球隊，二○○四年聖誕節當天因爲攻擊他人遭逮捕，被判必須參加二十七小時的憤怒管理課程。相對的，瓊斯被選爲職棒明星五次，得到十次中外野手的金手套。不過很大的理由是，古拉索有一套工具讓瓊斯激發的火花繼續燃燒。古拉索的人才成長，是因爲瓊斯成功的訊息，被轉譯與放大到一個可靠的初始提示組合中。畢竟庫列爾棒球場看起來只是個破爛的棒球場地。事實上是那條百萬瓦的天線，持續傳送一連串威力無窮的訊號及影像，匯聚成令人激動的細語：**嘿，那人可能會是你**。

激發的語言

目前爲止，關於激發開關的本質，我們已學到一些事。首先，激發開關不是開，就是關。第二，它能被某些訊號或初始提示觸發。現在，我們要更深入看看，它如何被我們使用最多的訊號觸發：文字。

說到動機心理學專家，史基普・恩格布洛姆並不符合典型。他身材魁梧、走路搖搖晃晃，是個自由派的滑板店老闆，住在加州的聖塔莫尼卡。你可能還記得我提過，是恩格布洛姆幫忙成立Z男孩滑板隊。希斯・萊傑在講述Z男孩的劇情片《衝破顚峰》中，捕捉到他說話咕噥不清、脾氣反覆無常、喜歡哈草、個性有點天才又古怪的性格精髓。這些年來恩格布洛姆沒怎麼變，除了兩件事之外。第一，他本來一頭蓬亂鬈髮，現在則戴上一頂閃著微光的僧帽。第二，對於Z男孩的進化，從一開始隨意玩玩到一九七六年在德爾馬滑板大賽一舉成名，他對於自己扮演的角色有新的看法——這最好是由他本人來解釋會比較清楚。他的故事起頭是這樣的：一九七〇年代早期，幾個看起來像不良少年的孩子，放學後會到恩格布洛姆的滑板店裡閒混。

「我看到他們，但一開始我什麼也沒說。我想先確定他們不是來偷東西，但是看他們沒幹什麼壞事，就讓他們來。其他人可能會把他們趕出去。但是他們又沒有怎麼樣。我自己小時候沒有父親，我懂他們的處境；他們讓我想起自己，你懂我意思吧？」在「恩格布洛姆語」裡，最後那幾個字講得糊成一團。「所以我們就開始一起玩。沒很多啦，我們去海灘、去衝浪，我給他們吃東西。我看他們衝浪很厲害，有些眞的很強，所以我們就去報名比賽。」

「有一次週六的比賽。有個人，就是那種很厲害的人，你懂我意思吧？他是很有名、會變成專業之類的那種人。所以，我像是教練，對吧？我就決定派我們最小的衝浪手去對他。我們最小的叫做傑·亞當斯（Jay Adams），派他去第一輪，對上這個專業的傢伙。傑那時候十三歲。我知道傑可以打敗他，但是傑自己不知道，他完全不知道。我們站在那準備比賽，大家圍過來，看到是傑跟這個傢伙比賽衝浪，他們都嚇壞了，說『哇，不會吧』，所以我就過去跟那個強手說話，而且我說的聲音剛好可以讓傑聽到，我跟那傢伙說：『老兄，別擔心，你不會有機會贏的。』」

「然後傑就上去，把那傢伙痛宰得一塌糊塗。傑打敗那個強手耶。就是那個時候，一切改變了。那些孩子目睹一切，然後驚呼『哇』。我們從那時候開始覺得很棒，他們可以感覺得到。他們把這感覺帶到衝浪，也帶到街上，就是我們開始去街上玩的時候。是傑想出那個點子，你知道嗎？就是他說，我們應該組個滑板隊。」

「到了玩滑板時，我們開始比較有系統地練習。每天練習兩、三小時，一週四天。那個你不會馬上就感覺很棒。什麼都要回到基礎訓練，一次一次練。所以我從來不說什麼。我就鬆鬆的，對他們說『幹得好』或『不錯喔』，有時候也會加點料，丟些胡蘿蔔當誘餌，比如『我聽說×××上週做了Y動作』，然後他們就會瘋狂做到那個動作，你懂吧？因爲他們想比得上人家。」

「在德爾馬出賽的時候，每個人看起來都好像要讓大家大吃一驚的樣子，但是（Z男孩）完全知道會發生什麼事。他們知道，是因爲完全知道自己有多棒，因爲他們好好練過，因爲他們明白自己的本事。不是因爲我說他們做得到。但我幫他們走到那裡，這一點無庸置疑。」

恩格布洛姆停頓一下，他深深思考，吐出他的智慧。

「這樣說吧。孩子還小的時候，對事情的感受比較敏銳，這一點你要給予肯定。對孩子說話的時候，你得清楚自己對他們說什麼事。你對剛起步的孩子說的話——必須超級小心，你懂我意思吧？培養技能眞正在做的，就是建立信心。首先他們要努力，然後獲得。一旦火花點起來，就會保持得很不錯。」

某種程度上，恩格布洛姆並沒有做那麼多。他與滑板團隊的溝通，就是含糊不清的幾句話而已。有幾句話在某些關鍵時刻，挑起了非常具體的挑戰（「老兄，別擔心，你不會有機會贏」；「我聽說×××上週做了Y動作」），還有其他幾句話是鼓勵他們的努力（「幹得好」或「不錯喔」）。

不過，如果沒有恩格布洛姆，如果不是他的語言訊號和引導，Z男孩可能永遠不會出現，或是沒有那麼成功。那些隨口說出的句子，雖然很短，卻協助激發他們產生新層次的動機和努力。

史丹佛大學心理學教授卡蘿．杜維克博士花了三十年時間研究動機。根據她發展出來的理論，恩格布洛姆的語言提示無論多麼微不足道，都是送出正確訊號的語言。杜維克在這個領域內開闢了許多條途徑，令人印象深刻，一開始是動物的動機，後來轉向到更複雜的生物，主要是小學和高中學生。她最讓人眼界大開的一些研究，牽涉到動機和語言之間的關係。她說：「如果單打獨鬥，我們的心態是滿穩定的。但是當我們得到一個清楚的提示時，一個能碰撞出火花的訊息，『砰』一聲，我們就會做出反應。」

杜維克對四百名紐約五年級小學生做了一系列實驗，最能生動看到這種「砰」一聲現象。這個研究是科學版本的「豌豆公主」。目標是了解一個微小訊號——一句讚美的話——對學生的表現和努力有多大的影響，以及哪種訊號是最有效的。

首先，杜維克給每個孩子做一個測驗，內容都是相當簡單的謎題。測驗完之後，研究者把分數告訴所有孩子，並加入一句六個字的讚美句。半數孩子得到的讚美是針對他們的才智（「你一定很聰明」），另外一半孩子收到的稱讚是針對他們的努力（「你一定很努力」）。

接下來這些孩子接受第二次測驗，但是這次他們可以選比較難或比較簡單的測驗。先前被稱讚努力的的孩子，有九○%選擇比較難的測驗。被稱讚聰明的孩子，大部分選擇比較簡單的測驗。爲什麼？杜維克寫道：「當稱讚孩子聰明，我們告訴他們的是這個比賽的重點：要看起來很聰明，不要冒犯錯的風險。」

第三次測驗則是都一樣難，而這次測驗，沒有一個孩子做得很好。不過，這兩組孩子——分別受到聰明和努力的稱讚，面對困難的情況，反應卻大不相同。杜維克說：「（努力組）埋頭解題，而且愈來愈投入這項測驗，嘗試各種解決方式、測試各種策略。他們後來說，很喜歡這樣。但是，受到稱讚聰明的那一組，不喜歡比較難的測驗，認爲這證明他們並不聰明。」

接下來這個實驗再循環一次，回到第一次、也就是相同難度的測驗。被稱讚努力的那一組，分數比第一次做測驗還增加三○%；被稱讚聰明的哪一組，分數比第一次下降了二○%。這些全都是因爲那六個字。對於這個結果，杜維克還很驚訝的是，她把這個研究又做了五次，每一次結果都是一樣。

杜維克說：「對於那些告訴我們什麼是有價值的訊息，人都會特別敏感。我想，人一直在尋尋覓覓，試圖理解『在這個環境下，我是誰？在這個框架中，我是誰？』因此，一個清楚的訊息進來時，它就能碰撞出火花。」

我看到的也印證了杜維克的研究。我造訪的每個天才產地，使用的語言是肯定努力的價值，而不是內在的天分或智力。舉例來說，在斯巴達克網球俱樂部，用的動詞並不是「play」，他們比較喜歡的是 **borot'sya**（英文爲 fight 或 struggle，拚戰）。南韓高爾夫球選手受到的教誨是 **yun sup'he**，意思是「Just do it」（NIKE 應該會很高興）。在古拉索，九至十歲孩子參加的是小螞蟻聯盟，它的口號是「嬰兒學步」。在巴西足球中的級別稱呼是：「奶瓶」（五、六歲）、「尿布」（七、八歲）、「奶嘴」（九、十歲）。二十歲以下的國家隊則稱爲「渴望」（Aspirantes）、「希望」（the Hopeful Ones）。聖保羅大學足球教授米里奧．米蘭達對我說：「英格蘭足球對未成年國家隊的稱呼是保留席（Reserves）！他們是在保留什麼？」他說完哈哈大笑。

我造訪的每個地方，並沒有一直讚美，只有在努力過後才會得到讚美——與杜維克的研究不謀而合。杜維克指出，動機並不會隨著讚美愈多而提高，而是常常會下降。杜維克說：「別忘了，我們的研究顯示，光是六個字會帶來什麼效果。重點是清楚明確。」

當我們使用「激勵性語言」這個詞彙，通常是指那些充滿希望、夢想及肯定的語言（「你是最棒的！」）。這種語言，我們姑且稱爲高激勵語言，它有其作用。但是，杜維克研究與天才產地發出的訊息是很清楚明確的：高激勵語言並不是激發人們的語言。能發揮效果的語言，剛好相反：不是往上探、而是往下探，它表彰的是扎實努力，肯定掙扎打拚。杜維克的研究顯示，這些詞語：「哇，你真的很努力嘗試」或「小子，幹得好」，比她稱之爲「空洞讚美」的話語更能引發動機。

從髓鞘的觀點看來，這個結論是有道理的。讚美努力會有效，是因爲它反映出生物上的實際情形。眞相是，技能的神經迴路並不容易建立，深度練習需要認眞的努力與熱情地做。眞相是，一開始的時候，你並不是在「玩」網球（"play" tennis），而是努力拚戰、集中心力，慢慢才變得比較厲害。眞相是，我們是用蹣跚的嬰兒學步在學習。以努力爲基礎的語言有效，因爲它直接說到學習經驗的核心，而且在激發的效果上，沒有什麼比它更有威力。

恩格布洛姆說：「如果是辦一所大學，我的成功率會很不錯，你懂我意思吧？我的意思是，從我這裡出來的人，八〇%或八五%是成功的企業家、運動員、百萬富翁。就是哈佛也沒這麼好吧。」[4]

---

4 恩格布洛姆想要順便提到的是，他可以提供企業、學校或任何其他人免費的對談服務，為的是：「你知道的，在帶人的事情上提供建議。我在這方面有很多想法。」

第7章

激發天才產地

教育不是灌滿一桶水，而是點燃一把火。

——葉慈

知識就是力量計畫

古拉索、俄羅斯、南韓等天才產地，被一道閃電所激發：一名突破紀錄的明星、一場神奇的勝利。沒有人能預測或計畫這些事。但是有另外一種激發，在沒有閃電的時候發生，它也會觸發動機、引爆才能。這種激發與我們日常生活更直接相關，我發現它在一個完全出乎意料的地方最明顯：貧民區的學校。

一九九三年冬天，麥可・芬伯格（Mike Feinberg）和大衛・李文（Dave Levin）過得有點慘。當時他們年紀二十出頭，兩人是室友，在休士頓公立學校體制當老師第二年。兩人都是「爲美國而教」的成員，這個新興的非營利團體，招募大學剛畢業的年輕人在低收入區的公立學校教書兩年。芬伯格和李文教書的第一年很不順（輪胎被劃破、課堂一片混亂），第二年又更糟。他們試圖創新，但是努力總是被抹煞——失能的官僚體系、幫倒忙的家長、行爲不端的學生、保守迂腐的規定，還遭到史上最能製造挫折的機制輾壓：美國的貧民區公立學校體制。學校讓李文不必再來教書了；芬伯格甚至更慘，已經在考慮去念法學院了。因此，那年冬天的傍晚，他們就坐在休士頓破舊的公寓裡，做著各地二十幾歲年輕人都會做的事：一邊喝啤酒、一邊抱怨工作、一邊看《星際爭霸戰》。芬伯格後來形容當時他們的心理狀態是：「人生爛透了，然後你就掛了。」

那個長長的冬天晚上，由於一個莫名其妙的原因（他們回想，可能是去聽了一場啓發人心的演講、也可能是啤酒），這兩個失意的X世代年輕人突然生出一個反常念頭：他們不要再和這個體制對抗了，他們要創辦自己的學校。煮了一壺咖啡，讓音響重複播放U2樂團的《注意點兒！寶貝》專輯，到凌晨五點時，他們列印出一份宣言，內容包含他們創辦學校的四大支柱：更多課堂時間、好老師、家長支持、行政支持。咖啡因大概發揮了作用，因爲這兩個年輕人爲自己的計畫取了一個連寇克艦長做夢也想不到的偉大名字。他們稱它爲「知識就是力量計畫」（Knowledge Is Power Program），簡稱爲KIPP。

在歷史上的其他任何時刻，像「知識就是力量」這種模糊的想法，缺乏經驗的支持，都會煙消雲散。但是就這麼剛好，德州通過法律，提供經費給公辦民營特許學校，只要這些學校能達到基本的教育標準。幾個月之後，這項政策導致的情況是之前完全想像不到的：這兩個菜鳥教師和他們沾著咖啡漬的宣言，竟然得到機會了。不是一整所學校（教育委員會還沒瘋到那個程度），而只是當地的賈西亞小學校園角落裡的一間教室。在這裡，芬伯格與李文可以在他們充滿理想的旅程上，自由踏出無可避免的下一步：摔個狗吃屎。

絕大部分特許學校是依某種教育理論而建立，比如華德福、蒙特梭利、皮亞傑。不過，芬伯格和李文沒什麼時間，他們遵循的是電影《虎豹小霸王》的原則：偷。他們找出學區裡最棒的老師，偷學這些老師的教案、教學方法、班級經營想法、課程表、規定——整套照抄。芬伯格和李文後來被外界說是「創新者」，但是當時他們的創新就和停電時在商店偷東西的人一樣。芬伯格說：「我們採納每一個還不明確的好點子；除了水槽之外，我們拿走每一樣東西，然後我們又回頭把水槽也拿走了。」

用這疊偷來的零件，他們拼湊成一輛教育老爺車。引擎是老式的勤教嚴管（學校上課日數與時數增加、暑假縮短、要穿制服、清楚的獎懲制度），外皮披上教學創新技法（教孩子用饒舌歌的方式背誦九九乘法表、把老師住家電話號碼給孩子，讓他們可以打來問問題）。芬伯格和李文在牆上貼出一張口號，是從洛杉磯著名教師雷夫．艾斯奎偷來的：「用功學習，端正品行」，而且把他們這台老爺車對準遠方的目標：不惜一切代價讓學生進大學。

芬伯格說：「我們從一開始就很清楚，大學真的是整個計畫的關鍵。從大城市的公立學校制度出來，你就會知道它有多糟糕——出生地的郵遞區號，基本上就決定了你的成敗。上大學會是出口。」

那年春天和夏天，芬伯格和李文開始招募實驗對象。在社區裡強力宣傳，他們招到五十名學生，這些學生與家長大多和他們一樣對現狀感到挫折。KIPP成立後的第一屆學生，第一天走進那間小教室時，上大學似乎還很遙遠。這些學生的學力遠在平均之下：只有五三％通過前一年該州的英文與數學測驗。整間教室過度擁擠；KIPP附屬的學校一直抵制。上課時數較長（根據宣言，從早上七點半到五點，而且每隔一週的星期六還要上課），每個人都覺得壓力很大。

但奇怪的事發生了。不知道怎麼回事，那年秋天某個時刻，這台老爺車噗噗噗地動起來了。每個人都很驚訝——更別說是芬伯格與李文。KIPP的學生遵守校訓：品行端正，而且努力讀書。非常努力。第一年結束，九〇%學生通過該州考試。

芬伯格和李文大受鼓舞，繼續做下去。第一年他們像遊牧民族，芬伯格留在休士頓，李文轉移陣地到紐約市布朗克斯。他們爭取空間，在拖車上教學，商借閒置教室。他們每年都偷來許多教學好點子，丟棄失敗的教法。每年KIPP學校參加測驗的成績持續上升。到了一九九九年，休士頓和布朗克斯KIPP在標準化測驗得到的成績，都高過各自學區內的公立學校。這台老爺車不只是在加速，竟然還遙遙領先。

消息傳開，《六十分鐘》節目報導之後，KIPP學校得到Gap服飾創辦人費雪夫婦捐款一千五百萬美元。開始有幾十位、後來幾百名年輕教師加入，簽約開辦他們自己的KIPP學校（其中許多老師來自「爲美國而教」計畫。這個計畫後來也非常成功，每年派出二千九百名新教師，並且從喬治城大學、耶魯大學、哈佛大學等名校的二〇〇八年畢業班吸引到一〇%畢業生投入）。到二〇〇八年，從洛杉磯到紐約總共有六十六個KIPP學校，學生數一萬六千人。許多KIPP學生在各大城市考到最高成績，而且最重要的是，八〇%學生繼續上大學。芬伯格和李文還在休士頓和紐約布朗克斯教五年級，此外，還負責監督他們所在地區內的KIPP學校，也在全國KIPP董事會任職。哈佛大學的「大城市學校協會」（Council of Great City Schools）的傑森・史奈普斯（Jason Snipes），以棒球明星瓊斯的話把他們的成功歸納爲：「KIPP眞的是打出全壘打。」

看待KIPP學校的一種方式，就是把它當成一個獨特的傳奇故事，講述善良的弱者捕捉到瓶子裡的閃電。如果只是那樣，我們對這個故事的興趣就到此爲止。然而，我們也可以將它視爲一個純粹激發的案例：在沒有世界大賽全壘打或任何神奇突破的加持下，從零開始創造天才產地的藝術與科學。所以，仔細看看這部了不起的老爺車，引擎蓋下面是什麼讓它繼續跑，就會很有用處。

KIPP的開學典禮

在大部分學校，新學年的第一天就像馬拉松一開始的大跨步，或者是軍事叛亂的第一場小衝突。然而，在加州聖荷西KIPP哈特伍德學園之類的KIPP學校，第一天就像一齣百老匯戲劇的開幕之夜，有劇本、入場時間、情節安排、有緊張的聽眾，還有舞台簾幕揭開之前十分鐘，後台所有人在上演前圍成一圈。在KIPP哈特伍德學園，老師們圍圈的地方是一間空教室，離學生正陸續聚集的戶外中庭只有幾步。

學園主任瑟芭．艾麗（Sehba Ali）對十五個老師說：「好，大家，我們快速跑完流程然後就出去。我們鼓掌歡迎他們進來，歡迎儀式過後，開學致詞，介紹每個老師，最後要講的是『品行端正』那部分。大家了解嗎？」

艾麗三十一歲，身高一百五十二公分。她穿著一件米白色連身褲裝，踩著輕輕發出扣地聲的高跟鞋，儀表溫和高雅，舉手投足間又透著權威感，她就像奧黛麗．赫本和德國陸軍元帥隆美爾的混合體。艾麗一點也不需要再重複這個訊息，這些都整齊打字在一張開學典禮的腳本上。每一件學校大事、學期學年轉換、各種活動，都有腳本。過去幾天以來，老師們都在檢查腳本細節。比方說，他們花整整一個小時討論，五年級學生排成一排的時候，身體間距和站位應該間隔多寬。艾麗自己說，到當天已經排練到「絲毫不差」的程度。

在清晨的陽光下，一百四十名新生與家長站在中庭。學生很焦躁，家長們以微笑和擁抱來安撫自己的緊張情緒。他們大部分是拉丁裔，其中有些是亞裔和非裔美國人，來自聖荷西一望無際的廉租平房及政府補貼公寓。聖荷西哈特伍德學園就像許多KIPP學校一樣，一開始規模很小，二〇〇四年，艾麗在社區裡挨家挨戶宣傳，她詢問家長在公立學校的經驗，是否對另類教育方式有興趣。（在社區裡，艾麗被稱爲「愛問問題的女士」。）第一屆，學園收了七十五名五年級生，從那時開始，增加了二百七十五名學生與三個年級，現在他們的入學候補名單迅速成長。

這一切都能解釋，開學時中庭內爲何會有如此興奮的氛圍。空氣中瀰漫著一種難分難捨的離別感，好像這些孩子正要啓程航向新世界。雖然哈特伍德學園絕大多數學生來自當地學區，但並非全部都是。拉塔．娜拉亞南（Latha Narayannan）載著兒子從加州佛利蒙開車一小時過來上學，她在一家網路顧問公司工作，薪水不錯，她說住家學區的公立學校是素質很高，但之所以來到哈特伍德學園，是因為她想百分之百確保自己的兒子亞傑特能上大學。她說：「我聽說他們的辦學方式。我就說，我要給孩子這種教育。」

八點鐘一到，艾麗與其他老師走進中庭。艾麗拍手拍了五下。其他老師跟進，同時嘴裡數出來。孩子們一下子安靜了，家長也本能地紛紛離開了。

「早安。」艾麗大聲說。

孩子們竊竊私語。

「早安！」艾麗更大聲重複一次。

「早安。」幾個孩子說。

艾麗偏偏頭，失望、期盼。

「早安！」她又試了一次。

另一個老師蘿莉塔．潔克森（Lolita Jackson）給了正確反應——「早安，艾麗老師」。

這下子孩子們懂了。下次艾麗提示他們時，回應是整齊劃一的「早安，艾麗老師」。

艾麗歡迎大家，她用新名字稱呼每個班級。五年級是二〇一五班，六年級學生是二〇一四班，這些數字代表他們會在哪一年進入大學。艾麗接著要一群舊生示範排隊，他們穿著醒目的白綠相間KIPP制服。中庭地上漆有許多彩色線條，舊生把穿著運動鞋的腳準確放在其中一條線上，眼睛向前看，雙手擺好，間隔整齊。

「這就是KIPP排隊的樣子。」艾麗說，同時有一個助理把她的話翻譯成西班牙語。「大家都懂了嗎？」

「懂了，艾麗老師。」他們一起回答。

接著介紹每個孩子的名字，發給每個人一個三孔大資料夾，帶領大家按著節拍鼓掌讚美。背包、水壺、外套，這些都留給家長，學生們不需要任何東西。

KIPP老師在逐漸變長的隊伍中穿梭，要每個人把資料夾拿在左手（背脊處朝下拿平），腳要打直，手垂在兩側，襯衫塞好。有人想笑，但沒人敢笑出來。艾麗在隊伍之間巡視，在一個男孩面前停下來，把他拿資料夾的角度調整二十度。

這就是KIPP文化。包括怎麼走路、怎麼說話（他們有幾種說話方式：八公分的聲音、三十公分的聲音，整間教室的聲音）、坐在課桌前的姿勢（向前、挺胸、不握筆）、如何注視正在講話的老師或同學（稱爲「密切注意」：頭抬起來，眼睛看著說話的人、肩膀朝向說話的人），甚至教他們上廁所的規矩（用四、五張衛生紙；擠一小坨洗手乳）。

KIPP老師會刻意在學校內放置一些垃圾，觀察誰會把垃圾撿起來，然後在大家面前表揚。他們持續執行精確的常規，包括拍手、呼口號、排隊行進。（年紀大一點的學生，規則比較鬆，比如他們不用排隊，但是這些特殊待遇得要付出努力才能得到。）

芬伯格說：「每一個細節都很重要，他們所做的每一件事，都與周遭一切息息相關。」

排好隊之後，新生被帶進教室裡，他們坐在地板上，按照貼好的線坐著。教室裡沒有桌子，因為老師們告訴這些新生說，他們還沒有努力獲得可以用桌子的權利。學生們打開資料夾，看到有好幾頁數學題目。這是安靜自習時間，KIPP學校每天早上一定會有的時段。經過半小時有如大教堂般的死寂（剛開始有一些私語竊笑，被老師喝止之後，就全然安靜了），艾麗老師大步走到教室前面，再次用這個班級的名稱歡迎他們。

「大家注意看我——我們是一個團隊、一個家庭，我們的目標是，這間教室裡的每一個人，都要去**上大學**。」

艾麗停下來，讓她剛剛說的這個想法沉澱一下。她以緩慢與虔誠的語氣，重複說一次「上大學」，樣子就好像牧師在說「上天堂」那樣。然後艾麗再問：「我們要去哪裡？」

「上大學。」學生們怯怯地回答。

艾麗把手圈在耳朵邊，假裝聽不見。

「上大學！」他們大聲一點說。

艾麗微笑了——瞬間的高興——接著又嚴肅起來。

「我要直接跟你們說：很多人認爲你們上不了大學。因爲你們家沒有錢。因爲你們是拉丁裔或越南裔。但在KIPP，我們相信你們可以。如果認眞念書，行爲端正，你們一定會上大學，擁有成功的人生。你們會出人頭地，因爲在這裡，我們非常、非常努力工作，這會讓你們變聰明。」

「你們會犯錯、會搞砸，我們也會。但你們都要行爲端正。因爲在KIPP，每一樣東西，都要努力才能得到。每一樣東西都是努力得來的。**每一樣東西都是努力得來的**。」

「你們現在坐在地上。覺得舒服嗎？希望有桌子嗎？你必須努力才能得到。當你能做到密切注意說話的人、當你能跟大家一起拍手、當你的行爲像KIPP的學生，你就能擁有那些桌子。」

艾麗的深褐色眼睛在整間教室裡搜索，她在找尋連結。學生們凝視著她，緊張、興奮，整個人都是警醒的。

對於我這個外人來說，這裡的紀律要求似乎太高了，所以社區裡有些自作聰明的人把ＫＩＰＰ叫做「Kids in Prison Program」（監獄孩子計畫）。但是結果很清楚：這些孩子做出了回應，參與其中。

艾麗繼續說：「我們會一直看著你們，這裡每一件事都是測驗。這裡每一樣東西都是努力得來的。這樣清楚嗎？」

他們點點頭。

艾麗說：「我說『清楚』的時候，你們要回答『非常清楚』。」

她看看教室裡面，眼裡期待地閃著光。她又問了一次：「這樣清楚嗎？」

一百四十個聲音一起回答：「非常清楚。」

如果我們要把ＫＩＰＰ學生在這幾分鐘之內接收到的初始提示做分類，那麼這些提示可以分成三個類別：

①你屬於一個團體。

②你和團體的成員一起處在一個陌生與危險的新世界。

③ 這個新世界的形狀像一座山，最頂端是大學天堂。

這三個訊號看起來似乎很獨特，但事實上，如果你把「上大學」這個詞代換成「成爲小羅納度／庫妮可娃」，這些初始提示，就與任何年輕巴西足球員或俄羅斯網球選手接收到的相同。KIPP沒有自然產生的人物來激勵人心，所以他們做了下一個最棒的事：它創造了自己培育人才的聖地，一個和巴西足球員所處的聖保羅一樣訊號豐富、緊密銜接的世界。它也創造出新的動機和行爲模式。因此，KIPP像「史蒂芬·史匹柏學派」一樣，堅持時間準確、持續、情節。就像古拉索的庫列爾棒球場，KIPP學校的實體環境到處都是訊號。KIPP老師就像馬克·吐溫筆下湯姆的分身，能夠快速精準地發出提示。

就像芬伯格喜歡說的：「一切就是一切。」這句話聽起來很像「新世紀」那種空談，但是他眞正在說的是，KIPP堅持環境的一致性：這個世界裡的每個元素，從漆在地板上的線條、老師的眼神，到學生拿資料夾的角度，都在不斷發出明確的歸屬感和身分認同的訊息：你在KIPP，你是KIPP的一分子。一般會說「預備、就位、開始」，他們是說「預備、就位、KIPP」。學生以「隊友」稱呼彼此。KIPP老師半開玩笑地把這個過程稱爲「KIPP學」。

教社會科的麥克・曼恩（Michael Mann）說：「我還記得來參觀時，本來覺得這太極端了，也認爲這很荒謬。我的意思是，誰在乎他們怎麼拿資料夾啊？但是我來了之後發現，專注細節對於學習成功是影響很大的。這些規定是練習細心、做到精確的方法。他們當中有很多人之前都沒有過這樣的經驗。」

KIPP的老師不是唯一相信這種策略的人。二〇〇五年心理學家馬汀・塞利格曼和安琪拉・達克沃斯研究一百六十四名八年級學生的多項參數，包括智商與五項衡量自律能力的測驗。結果顯示，自律比智商更能預測學生的平均成績。

芬伯格說：「到目前爲止，這些學生每年的行爲舉止都是某種特定方式。文化是很強的力量，唯一能取得這種力量的途徑，就是改變他們看待自己的方式。訪客看起來會覺得好像太嚴厲，但這是必要的。」

要創造這種改變，KIPP採取的方法之一，是透過一種名爲「全校暫停」的教學技法。這不是說說而已。要是有人違反重要規定，全校上課會立刻停止，老師和學生一起開會討論剛剛發生什麼事，如何改正。[1]我拜訪學校之前幾週，有一次全球暫停上課，因爲有個六年級生嘲笑另一名學生是大象。再上一次的全校暫停上課是因爲有個學生對老師翻白眼。以理性角度看來，因爲學生嘲笑別人或翻白眼就全校暫停上課，非常浪費時間。但是其實它很有效。KIPP就像一個巨大的林格飛行訓練器，創造了深度練習端正行爲的環境。因爲學生翻白眼就全校暫停上課，並不是沒有效率，相反的，KIPP發現這是最有效的方式，建立團體優先順序，找出錯誤、建立KIPP想要的行爲神經迴路。

你可以看得出來，KIPP最重要的訊息——等同於瓊斯擊出全壘打——就是上大學。或者應該用KIPP一貫的語氣說：上大學！上大學是每天都被提起幾百次的神聖精神，與其說它是一個地方，不如說是一個熾熱的理想。每一班都以導師的母校命名：數學課是柏克萊、社會課是南加大、特殊教育課是康乃爾研究所。KIPP的老師很有技巧地把大學插進對話中，總是預設所有學生都會航向那些黃金海岸。

我到社會課的教室參觀，有個學生交的作業沒有寫上自己的名字。老師的回應是，停止上課。老師一臉不可置信地問：「妳知道妳的大學教授會收到多少份報告嗎？妳以爲他會花時間找出這份報告是妳寫的嗎？妳好好想想。」就像英文老師萊斯里．愛克勒（Leslie Eichler）說的：「我們說到『大學』比別的學校的人說『嗯』還要多次。」就連掛在教室的鏡子上也有一行文字問：「你要上哪一所大學？」

KIPP學生入學沒多久就開始參觀大學。KIPP哈特伍德學園五年級去加州的大學，例如：南加大、史丹佛、加州大學洛杉磯分校。七年級飛到東岸參觀耶魯、哥倫比亞、布朗等等。參觀大學時，他們會跟KIPP校友見面，聽校友談自己的歷程。

艾麗指著五年級新生對我說：「現在，大學對他們來說還是很模糊的想法。

1 不意外的是，至少從深度練習的觀點看來，豐田汽車在組裝線上也採用同樣的技巧，非常成功。（詳見結語）

但是到五年級結束時，他們去參觀過大學，我們無意間聽到他們私下聊天時會講到大學，他們會說：『我喜歡柏克萊，但是覺得自己比較偏向加州理工那類人。』我們就知道，啟動了。」

芬伯格說：「進KIPP的時候，他們的生命就像地圖上的一個點。一個點，什麼也做不了。但是，你把這個點與其他點、與某所大學連起來，就有了連結。他們參觀大學回來之後，整個人感覺都不一樣了。」

這種簡單卻強力的想法，在潔克森老師的數學課堂上眞實上演。二〇〇九年時，潔克森快六十歲，身材嬌小，戴著大耳環，渾身散發出鋼鐵般的紀律和熱忱。她的職業生涯前二十年在當地公立小學，制度的局限讓她愈來愈挫折。KIPP哈特伍德學園成立時，她加入了，並且迅速成爲教學成果最佳的老師，同時也擔任副校長。艾麗認爲潔克森的教學技能可以說是神乎其技，她直截了當地說：「潔克森老師做的事情，沒有任何人做得到。」）

舉例來說，每年新生訓練週之後，潔克森上第一堂數學課，就會關掉電燈，要求學生閉上眼睛。她在CD播放器裡放進《星際大戰》原聲帶，開始播放。片頭那段勝利的音樂響起，潔克森大踏步在教室裡走，彷彿她是火箭裡的指揮官，正在倒數。

「KIPP新生，你們綁上安全帶了嗎？你們準備好了嗎？有沒有坐好、綁緊安全帶了？因爲接下來會是一段顛簸的旅程。會很辛苦、會很困難，但是會很棒。因爲我們要學數學，我們要上大學！」

孩子們靜靜坐著。音樂在他們腦中不斷迴響。

「上大學！」潔克森重複一次，品味著這個詞：「你們想知道，美好生活與艱苦生活的差別嗎？你們想知道，擁有知識和力量、可以得到你想要的事物，比起沒有這些知識力量，差別在哪裡嗎？綁好你的安全帶，因爲這就是我們要去的地方，現在就開始。」

與斯巴達克網球俱樂部、草山音樂學校等天才產地一樣，KIPP哈特伍德是個深度練習的堡壘。潔克森和同事不斷提醒KIPP學生，頭腦就是肌肉，愈是用它，你就愈聰明——然後這有很多工作要做。一個晚上做兩小時功課是標準，作業本的頁數是上百頁，每天都要認眞與安靜地用功。就像芬柏格所說：「在別的學校，寬鬆的教學方法可能會奏效，但在我們這裡，眞的沒有多少小時可以浪費，更別提幾天或幾週。我們的孩子來報到時已經遠遠落後了，我們必須讓他們加速學習，迎頭趕上。這就像美式足球比賽的第四節，我們還少一個達陣，必須衝到得分區，現在就要。」

達陣得分是現在進行式。根據該州「標準化測驗及報告」計畫，二〇〇七年KIPP哈特伍德學生在加州公立學校中排名前三％。

不過，最讓人震驚的，並不是KIPP學生有多用功，而是他們很快就完全接受KIPP的身分了，而這提供了用功的燃料。

我兩次拜訪都有學生過來想知道我要做什麼，好像他們可以幫忙我的樣子，當然，他們也問我以前上的是哪所大學。這些交談感覺上有點像照劇本演（過度用力的握手、熱烈點頭表示贊同、藝伎等級的禮貌恭敬），但是在表面之下躍動著眞心誠意、努力追求新人設。

理著平頭的六年級學生丹尼爾．梅岡那（Daniel Magana）說：「我很喜歡這裡。這裡任何人都沒有特殊待遇。如果是我以前的學校，就讓我吊車尾。我可能十件事只做到五件，他們也不管。在這裡，我必須十件事全做到。」

丹尼爾的爸爸是建築工人，他計畫要成爲家裡第一個上大學的人。他還沒確定要讀哪一間大學，但會考慮加州的大學，因爲學費便宜多了，而且他要的是大學校，可以雙主修雷射手術和創意寫作，所以他在考慮柏克萊。「但是也可能改變。」他充滿睿智地說：「就一邊考慮。」

我問丹尼爾，還沒有來上KIPP之前的狀況是怎樣？他沉重地看著磁磚地板，好像看著考古遺址。他最後開口說：「很不一樣。我想我不是眞的喜歡學校。那裡很無聊。我在以前的學校，只用二五％頭腦，但在這裡我用全部頭腦。」

不過，丹尼爾對過往史的興趣沒有太久，他很快就轉移話題，問我孩子幾歲、推薦書給我的孩子、詢問我的旅途情況如何，然後看看時鐘說：「抱歉，很高興跟你談話，但是我得去上英文課了（握手），再見。」留下我站在那裡，心中的問題是：這孩子到底是什麼樣的人？有多少是丹尼爾本人、有多少來自他在KIPP的經驗？

如果丹尼爾沒有來讀KIPP，你無從得知他是否會是有上進心、考慮周到、成績優異的孩子。或許他不來讀，也會一樣；或許他一從KIPP畢業就會回到舊模式。

但看著他消失在人群中，我驚訝的是，KIPP如何改變我們本能上對於性格的看法。通常，我們會認爲性格是根深柢固，不會改變的，是一種從行爲表露出來的與生俱來特質。可是KIPP顯示，性格可能更像是一種技能——被某些訊號激發，透過深度練習得到磨練。

從這個角度來看，KIPP是立於髓鞘的基礎上。KIPP學生每次想到自己上大學時，就產生一股能量，就像南韓年輕女孩想像自己是朴世莉一樣。KIPP學生每次逼迫自己遵守那些吹毛求疵的規定時，就會觸發一個神經迴路、包覆、強化（畢竟，衝動控制就和別的技能一樣也是神經迴路）。每次全校突然停下來修正某個錯誤行爲時，就是扎扎實實地培養技能，就像克萊瑞莎走走停停地練成〈金婚式〉一樣。難怪丹尼爾會是這樣有禮貌又自律的年輕人，他已經被激發了深度練習這些品質的熱情了。

艾麗老師說：「我們在這裡做的事，就像按下開關，打開一盞燈，這是相當刻意的。它不是隨機的，這裡面沒有機率問題。你必須堅持自己做的事，確保每一個細節都朝向同一個方向推進。然後它就會啓動。孩子們明白這一點。一旦開始，其他人也會明白這一點。這是會傳染的。」

PART 3

大師級的教練法

第8章

循循善誘天才的老師

才不管什麼天才呢，反正關鍵都不在於慧眼識天才。我從不去找天才。先從基本功做起，很快你就會知道怎麼發展了。

——羅伯・蘭斯多普，網球教練。調教出多位世界第一：

山普拉斯、奧絲汀、戴文波特等，

他們都在洛杉磯長大，彼此距離只有幾公里。

地表最厲害大提琴老師的第六感

二十世紀初期，美國銀行搶匪的技能並不是特別高明。像德州牛頓小子這樣的搶匪，計畫很單純，而且千篇一律：選一家銀行，等到晚上，用炸藥或硝化甘油炸開金庫（這些材料除了很難操作之外，偶爾還會導致不幸的副作用，就是把鈔票也燒了）。這種直截了當的手法，有一陣子還挺管用的。不過到了一九二〇年代，銀行迎頭趕上，引進警報系統、以鋼筋混凝土包圍防爆金庫。像牛頓小子這樣的強盜受到牽制，銀行當局以爲，安全與保險的新時代來臨了。

但它並沒有來臨。銀行搶匪只有變得更有技巧。新一代搶匪在光天化日之下犯案，而且天衣無縫的專業程度，連警察有時也會不禁讚嘆。銀行搶匪好像突然進化成更天才的物種。一九二二年十二月十九日在丹佛市中心，新一代搶匪就展現他們的能力，一夥人在九十秒內從聯邦鑄幣局盜取了二十萬美元。如果以每秒鐘賺多少錢來計算，這項壯舉堪稱是史上報酬率最高的銀行搶案。

這種進化可以上溯到丹佛搶案的主腦：赫曼·拉姆（Herman "The Baron" Lamm），綽號「男爵」。他是現代銀行搶案技術的鼻祖和導師。拉姆大約一八八〇年生於德國，後來成爲普魯士陸軍的軍官，但由於被控詐賭，遭軍隊開除，之後移民美國幹起有時失手、有時得手的搶劫勾當，搶劫個人，偶爾也搶銀行。一九一七年在猶他州立監獄服刑兩年期間，拉姆構想出一套搶銀行的新系統，把軍事原則運用到這項毫無技術可言的搶劫上。他的獨特洞察是，搶銀行最重要的不是膽量或槍枝，技術才是王道。

每次搶銀行前都要花數週做準備工作。拉姆會先實地去銀行「探路」，畫出平面圖，偶爾冒充記者去了解銀行的內部運作。拉姆分派給每個團隊成員一項定義清楚的角色：把風、大廳接應、開金庫、司機。他安排演練，利用倉庫來模擬銀行。他堅持一定要守時：事前規畫好的時間如果超過了，不管有沒有拿到錢，大家就要分頭離開。拉姆會在不同天氣狀況下探查逃逸路線，藉此計算正確時間。他還會在儀表板上貼地圖，指標的精度有到一百六十公尺。

拉姆發明的這套系統被稱爲「拉姆男爵技法」，成效很好。從一九一九年到一九三〇年讓拉姆從全美各地銀行取走幾十萬美元。他死後[1]，大盜狄林傑（John Dillinger）等人學到這套技法。拉姆的系統至今仍然有人運用，它的成功不只因爲概念上的優點，還因爲拉姆能傳達自己的想法，並且將這些想法轉化爲可以天衣無縫完成一項艱鉅任務的行動。他是教導嚴謹與精確的創新者，也透過各種資訊啓發人的靈感。簡言之，拉姆男爵是個大師級教練。

這本書到目前爲止，我們把技能當做一種透過深度練習而增長的細胞調節過程。我們看到，激發如何提供無意識的能量來讓技能增長。現在我們該來見見一些稀有罕見的人，他們擁有不可思議的本領，可以結合深度練習與激發的力量，使別人的才能增長。

不過，在我們找出誰是大師級教練之前，先來了解哪種人不是。我們大部分人想到大師級教練，會想到某個偉大的領導人，具有堅定的願景、久經考驗的見識和令人信服的口才。他們就像船長或講道牧師，核心能力在於懂其他人不知道的特殊知識，能以激勵的方式與我們分享這些知識。以這個角度來看，傳奇的足球教練文思·隆巴迪（Vince Lombardi）與喬治·巴頓將軍或伊莉莎白一世並沒有什麼差別。但是，我拜訪天才產地時，並沒有發現任何人像隆巴迪、巴頓將軍、伊麗莎白女王。

相反的，我碰到的教師和教練都是安靜，甚至內向。他們大多有點年紀，許多人已經教了三、四十年。他們都有同樣的眼神：穩定、深沉、目不轉睛地注視。他們的傾聽遠多於說話。他們似乎不愛打氣或振奮人心的喊話，大部分時間都放在提出小規模、有目標、高度具體的調整。他們對於教學對象有超乎尋常的敏感度，會按照每個學生的個性傳達合適的訊息。這種人我見過十幾個之後，開

1 拉姆死於一九三〇年，那天他遇到一連串料想不到的事件，連他本人也無法預料。在他正要離開印第安納州克林頓一家銀行時，用來逃逸的車子竟然爆胎。拉姆和三個搶匪同黨強行開走另一輛車，沒想到這輛車裝有調速器，讓它的時速無法超過五十六公里。於是他們又搶了第三輛車，但是這輛車的水箱漏水了。他們再搶了第四輛車，可是它的油箱裡只有不到四公升的汽油。經過一番短暫追逐，以及兩個同黨投降後，拉姆和司機肯定是在難以置信中死於警方槍下。

始懷疑他們私下是同一家人。他們是循循善誘天才的老師。這些人就像漢斯・詹森（Hans Jensens）。

詹森是大提琴老師，住在芝加哥。前幾章提過草山音樂學校，這個位在偏遠阿第倫達克山區中的古典音樂天才的天堂，我就是在那裡見到詹森的。之前我從來沒有聽過他的大名，但是在已經全是明星教師的草山中，詹森還是被視爲非常特別的老師。我在草山的第一天早上，兩個學生提到爲了上詹森的課，全家搬到芝加哥。任教於克里夫蘭音樂學院的梅麗莎・克羅特（Melissa Kraut）形容他是：「地表最厲害的大提琴老師。」

我見到詹森時，他約五十幾歲，是個身材修長、熱情洋溢的丹麥人，戴著一副大圓眼鏡，鏡片後面的他，像個水肺潛水人那樣睜大眼睛看著世界。我在草山一間練習室裡找到他時，這種眼神正投向十八歲的尙義熙（Sang Yhee，音譯），這個學生正在演奏一首德弗札克的協奏曲。在我聽來，尙義熙的演奏相當厲害：快速、乾淨、每個音都非常完美。但是詹森不滿意。學生演奏的時候，他就站在距離幾公分的地方，揮舞著手臂、用濃重的丹麥腔對尙義熙說話，看起來好像在表演某種驅魔術。

他叫道：「現在！現在！就是現在！你得要『嗚哇』，像渦輪機一樣。你一定要這樣，現在一定要這樣。」

尚義熙猛烈地演奏，手指頭在大提琴頸上上下下飛快移動。

詹森更加靠近。「我從你的眼睛看出來了喔——你在說：『糟糕，我得這樣這樣才行。』不要想（think，以詹森腔調發音是 sink）。做！現在就做！」

尚義熙閉上眼睛演奏。

詹森大喊：「對！對！再來！再來！」

尚義熙演奏完最後一段，人往後一靠，他暈頭轉向，就像剛剛才走下飛天鞦韆一樣。

詹森說：「這樣就對了，就是應該這樣演奏。」

尚義熙謝過詹森，收好他的大提琴，離開時，下一個學生惠特妮．戴爾芙斯（Whitney Delphos）走進來。戴爾芙斯二十歲，來自休士頓，穿著一件粉紅色鱷魚牌襯衫，領子立起來。她刻意在尚義熙上課尾聲時就到，現在她進來就座，抓住樂器的琴頭，微微出汗。

詹森爲了讓她放輕鬆，在椅子上往後坐，綻開大大的微笑，語氣輕鬆隨和地說：「妳好啊。」

戴爾芙斯微笑，似乎放鬆了一點。詹森要她開始演奏，他安靜地聽著戴爾芙斯拉奏一首巴哈的協奏曲。戴爾芙斯不像尙義熙那麼穩，有幾個音含糊帶過，一個快板樂句又跑拍，整體說來，她像在跟樂器搏鬥。她演奏時一邊小心翼翼地瞄了一眼詹森，以爲他會像指導尙義熙那樣，揮舞手臂、大喊大叫。

但是詹森並沒有。大約三十秒之後，他輕輕把手放在戴爾芙斯的琴弓上，讓弓停下來。他往前靠，好像在小聲說出一件國家機密。

「妳必須 sink it。」他說。

「sink it？」戴爾芙斯大惑不解。

詹森敲敲自己的光頭，戴爾芙斯就懂了。「Sink。」他重複說：「Sink 整首曲子。妳在 sink 的時候，會比現在好十倍。每個人都練習太多了，一直拉一直拉。妳必須從這裡練習！」他指指自己的頭：「妳必須 sink！這是維他命。它不好吃，但是對妳的身體好。」

戴爾芙斯放下琴弓，閉上眼睛，照著老師的指示，想像自己演奏這首協奏曲的樂段。想完之後，她睜開眼睛，詹森說：「最後一個樂段，妳想像自己拉顫音，對不對？」

戴爾芙斯驚愕得下巴掉下來：「你怎麼知道？」

詹森笑了：「有時候我會嚇到人，大家以為我有第六感。」

詹森的專業經歷一長串。他在茱莉亞音樂學院師從名師羅納德・羅斯（Leonard Rose）與查寧・羅賓斯（Channing Robbins）。他與哥本哈根交響樂團合作、擔任獨奏，在「國際藝術家大賽」中優勝。他對大提琴古典音樂的知識是世界首屈一指。但是，我們在這裡看到的，與詹森自己的專業資歷沒有關係，而是與他神祕的第六感有關——尤其是，他能察覺到學生需要什麼，而且立刻發出正確的訊號來回應這些需要。

在尚義熙和戴爾芙斯踏進這間教室的時候，詹森並不認識他們。他不必認識他們。檢查、診斷、處方，全發生在幾秒鐘之內。尚義熙需要更多情感，所以詹森搖身一變，當個不斷吆喝的啦啦隊長。戴爾芙斯需要學習策略，因此詹森變成禪宗導師。他不只告訴他們要做什麼，還變身成爲他們應該要做到的樣子，用手勢、語調、節奏、眼神來傳達目標。這些訊號都是有目標的，簡潔、精確無誤。

詹森教完尚義熙和戴爾芙斯之後，我問他對這兩個學生的專業意見。哪一個比較有天分？哪一個比較有潛力？詹森似乎很難回答這個問題，這讓我很驚訝（看起來尚義熙的琴藝比戴爾芙斯勝出不少）。但是，這個地表最厲害的大提琴老師，他看待這件事的方式與我不同。

詹森平靜地說：「這很難講。我在教學生的時候，我什麼都教給他們。之後會怎麼樣，誰知道？」

這種感受——平靜、審慎、不浪漫——聽起來很熟悉。許多循循善誘天才的老師都讓我想到住在伊利諾州農業城鎮的親戚，他們個性堅強、謹慎、沉著冷靜。他們談論種子或肥料最細微的細節，可以談上好幾小時，但是對於比較大的問題——下一季收成的品質、心愛的聖路易紅雀隊贏面有多大——他們就會聳聳肩。**誰知道呢？**

大師級教練不像國家元首、帶領我們穿過未知海域的船長，或是講壇上用力傳播福音的牧師。他們的個性——也就是他們的核心技能迴路，比較像農夫：謹慎、深思熟慮的髓鞘培養人，就像詹森這樣。他們務實與有紀律。他們擁有廣博與深厚的知識框架，並將其應用在穩定、漸進的技能迴路培養工作上，可是他們最終不會去掌控它。詹森無法回答我的問題，因爲在他內心深處，這個問題沒有道理。看著兩株幼苗，說出誰會長得比較高，這有可能嗎？唯一答案是：**現在還早，他們還在成長**。

魔法師教練的祕密

一九七〇年有兩位教育心理學家，羅恩．蓋利摩（Ron Gallimore）與羅蘭．薩普（Roland Tharp）得到一個夢寐以求的機會：在夏威夷檀香山一個貧困社區的實驗學校，從零開始，設立一個實驗性質的閱讀計畫。這是由夏威夷教育基金會資助，有一百二十名學前到小學三年級學生參加，被命名為「卡米哈米哈早期教育計畫」（Kamehameha Early Education Project，簡稱KEEP）。

這個學校在一九七二年開辦時，蓋利摩和薩普運用當時最新的教學理論，其中許多理論牽涉到教師採用策略來增加「專注於學習任務」的時間占比。蓋利摩和薩普相當創新、認眞，而且充滿決心。不過，他們並不是辦得很成功。開辦頭兩年，KEEP的閱讀成就還是很低。蓋利摩回憶說，到了一九七四年夏天，「我們眞的很質疑自己用的方法」。

那年夏天，蓋利摩和薩普剛好都在加州大學洛杉磯分校，他們教了幾堂課，同時苦苦思索著這個停滯不前的計畫。有個下午他們在蓋利摩家後院投籃的時候，蓋利摩突然有個點子：找來最棒的老師，做一項鉅細靡遺、近身觀察的案例研究，然後利用研究結果來幫助自己辦KEEP。兩個人立刻想到同一個老師，而這個老師剛好就在他們的學校。不過他們遲疑了。這個老師實在太厲害，受到各方讚譽，找他來當實驗室老鼠似乎是無法想像的事，簡直可以說是無禮。但是蓋利摩和薩普已經想不出辦法，決定還是寫信給這位老師。電子郵件寄到他的辦公室「波利體育館」，收件人是約翰．伍登先生（John Wooden），加州大學洛杉磯分校籃球隊總教練。

形容伍登是優秀的籃球教練，就像描述林肯是出色的國會議員一樣。在加州大學洛杉磯分校的所在地西木區，伍登被尊稱為「西木魔法師」，早年在印第安納州的小城當英文老師，他會引用華茲華斯的話，身體力行基督徒看重的價值：嚴謹自律、道德良知、團隊合作。他在此前十年帶領加州大學洛杉磯分校贏了九次全美冠軍，他的團隊最近的成績是三年來連續贏球八十八場，這是歷史性壯舉之一，後來ESPN體育台把伍登稱為任何運動競技中最偉大的教練。蓋利摩和薩普很清楚，伍登絕對沒有理由把自己交給這兩個問個不停的科學家窺探。所以，他們很驚訝，伍登的回答竟然是：**好**。

幾週之後，蓋利摩和薩普到了波利體育館，熱切地坐進場邊座位，觀看伍登如何帶領這個球季第一場訓練。他們兩人以前也是運動員，同時又是這支球隊的粉絲，他們很清楚接下來會發生什麼事：粉筆講課、精神喊話、懲處懶惰蟲、讚美努力的人，然後就開始訓練。

伍登卻沒有做任何精神喊話、不拿粉筆講課，也沒有懲處或讚美。總之，他的聲音或行動都不像他們兩人遇過的任何教練。

蓋利摩說：「我以爲自己知道什麼是教練。結果我們本來想的完全錯誤，徹底錯了。所有我認爲和教練有關的事，他一件都沒做。」

伍登安排一個五到十五分鐘的高強度循環訓練，期間像機關槍一樣不斷吐出一些話。有趣的是這些話的內容。他們後來寫了一篇文章〈籃球界的約翰·伍登：一個教練可以教老師什麼事〉寫道：「伍登的教學言詞或評論，都是非常簡潔、斷句清楚，而且次數很多。沒有訓話、沒有長篇大論……他很少一次講話超過二十秒鐘。」

以下是伍登比較長的「發言」：

拿球要輕。你是在接傳球，不是在抄球。

投籃之間要運球。

傳球要乾脆，快、狠、準。對了，理查——就是這樣。
腳步要有力、猛、快。

蓋利摩和薩普很困惑。他們以爲會是籃球界的摩西在山丘上布道，但這個人卻像忙碌的電報員。他們覺得有點洩氣。這就是厲害的教練方式嗎？

蓋利摩和薩普還是繼續前來旁觀練球。幾週又幾個月過去，他們開始看出一點端倪了。有部分原因是看著這支球隊進步，從賽季中排名第三進步到贏得第十次全國冠軍。但是，最主要原因來自他們蒐集在筆記本裡的資料。蓋利摩和薩普記錄了兩千三百二十六則伍登的個別教導行爲，並將它們編碼分類。其中，只有六・九%是讚美，僅有六・六%表達不滿。不過有七五%是純粹的訊息：要做什麼、如何做、什麼時候加強某個活動。

伍登最常使用的一種教導方式是「三段式指導」：示範正確做法、示範錯誤做法、然後重新示範正確做法。這種順序在蓋利摩和薩普的筆記中以M^+、M^-、M^+編碼。它出現太頻繁了，因此他們把它命名爲「伍登教法」。蓋利摩和薩普寫道，伍登「示範很少超過三秒鐘，但是超級清楚，都能在腦海中留下深刻畫面，就像教科書上的素描圖」。

這些資訊並沒有讓訓練慢下來。剛好相反。伍登把這種教法與他稱爲的「心理和情緒調節」結合起來，這基本上就是讓每個人在訓練時跑得比在比賽時還要賣力，而且不間斷。前球員比爾．華頓（Bill Walton）就說：「在加州大學洛杉磯分校的訓練是沒有停的，動能滿滿、緊湊密集，非常嚴苛。」

伍登的訓練，看起來自然、沒有規畫，其實完全相反。教練每天早上會花兩小時與他的助理規畫當天的訓練，然後「以分鐘計」將訓練安排寫在約八公分乘以十三公分大小的卡片上。他每年都會保留這些卡片，這樣就能比較與調整。他不會放過任何細節（伍登很有名的是，他每年初始都會向球員示範，如何穿襪子才能盡量減少起水泡的機會）。一連串訓練安排，看起來流暢到似乎是臨場想出來的，事實上卻像歌劇劇本那樣非常有結構。伍登對球員的指導，看起來好像是想到什麼說什麼，但其實比較接近事先規畫好的談話要點。

蓋利摩和薩普寫道：「伍登回應球員的動作細節時，是用和球員相同的速度

『當機立斷』地做出決定。不過他的教法絕對不是臨場發揮。從他用的每個字都很精確來看，他的規畫都包含針對團隊與個人的具體目標。因此，他能在一個訓練時段內加入豐富的籃球教學課程，並且在學生最能吸收的時機精準傳達資訊。」

漸漸的，一幅圖像浮現了：伍登之所以是最厲害的教練，不是因爲讚美、斥責，也絕對不是精神喊話。他的技能在於：以連珠砲的話向球員發出精準的訊息——這樣、不是那樣。這裡、不是那裡。他說話與手勢等於是一陣一陣短促與猛烈的電脈衝，向球員示範做一件事的正確方式。他看到錯誤並修正錯誤，這是在磨練神經迴路。他是深度練習的大師，他一人就是一架林格飛行訓練器。

伍登可能不知道髓鞘，但是他像所有大師級教練一樣，對髓鞘的運作原理有深刻的理解。伍登採用他稱爲「整體－局部法」，進行組塊教學——他會教球員一個完整動作，然後把它分解，練習它各部分的基本動作。他把學習的定律（或許可以改名爲髓鞘的定律）公式化：解釋、示範、仿效、糾正，然後再重複。他在《伍登的智慧》（*The Wisdom of Wooden*）裡寫道：「不要追求那種大的、快速的進步。尋求一天一天的微小進步，只有這樣，才能進步，而且一旦進步了，就會持續下去。」蓋利摩與伍登的學生斯文．納特（Swen Nater）合著的《學生學會，你才算教好》（*You Haven't Taught Until They Have Learned*）中提到：「重複練到自動化，它的重要性再怎麼強調都不爲過。重複是學習的關鍵。」

大部分人會認爲，伍登成功是因爲他的性格：謙虛、思慮周詳、能啓發人。但是蓋利摩和薩普的研究顯示，他的成功與其說是性格使然，倒不如說是來自他以錯誤爲中心、計畫周密、訊息充分的訓練。事實上，正是由於伍登對這種學習方法的篤信，所以才會同意參與蓋利摩和薩普的實驗。伍登後來解釋說，他希望利用這個實驗經驗來改進自己不足之處。原來，魔法師的祕密，就與文藝復興時期藝術家、Z男孩所發現的祕密一樣：**愈是深度練習，你就會變得更厲害**。

蓋利摩和薩普那年秋天回到KEEP計畫，開始運用他們學到的知識，把新的焦點放在備課和訊息導向的教學法。他們結合讚美與「伍登教法」；他一邊示範一邊講解，而且以簡短、命令式的短句解說。（他們也加入其他的新研究，包括混合以文化爲基礎的方法。）蓋利摩說：「我們把工作重點重新聚焦。我們開始以『伍登會怎麼做？』的想法來處理學校事務。」

KEEP計畫慢慢開始起飛。閱讀分數上升了，閱讀理解力增強了，本來這所學校的程度大幅落後於全美標準測驗平均分數，很快就遠遠超過平均水準。一九九三年，蓋利摩和薩普的KEEP計畫，得到教育界最高榮譽——格魯邁爾獎（Grawemeyer Award）。他們的成功記載在《喚醒心智的生命力》（*Rousing Minds to Life*）。蓋利摩說：「不能過度簡化說是伍登讓學校成功——其中還涉及很多面向。但是，他確實功不可沒。」

不過，就算我們指出伍登卓越的執教才華，也必須注意，他的執教環境並不一般。他的選手進入加州大學洛杉磯分校時已經帶著高度技能和動機，伍登可以從相當充沛的資源之中選材。可是那些在一般世界中的教練和老師呢？在學生剛起步、沒有因爲任何特殊能力獲選、技能迴路還不存在的情況下，什麼樣的教練做法最適合？或者，這個問題放在和我們家有關的情境時，就是：什麼樣的鋼琴老師才算是好的？

教的其實是「愛」

這是最基本的常識：如果想讓孩子開始學一項新技能，你應該盡可能找到經驗豐富、最像伍登的老師，對吧？

不見得。一九八〇年代芝加哥大學有一組團隊由班傑明・布魯姆博士（Dr. Benjamin Bloom）領導進行一項研究，針對一百二十名世界級的鋼琴家、游泳選手、網球冠軍、數學家、神經學家、雕塑家，研究團隊以幾個面向來檢驗每個人，其中包括他們專業領域的啓蒙教育。他們發現令人驚訝的事實：許多世界級的天才，尤其是鋼琴、游泳、網球，啓蒙老師似乎都很一般。

舉例來說，布魯姆的研究團隊請鋼琴大師爲啓蒙老師評分，分爲「非常好」（指接受過大量培訓、備受尊崇的專業教師）、「中上水準」（受過良好訓練的教師，具備的音樂知識比附近街坊老師再多一點），或是「普通」（街坊的非專業老師）。這個研究有二十一位享譽國際的鋼琴家，其中只有兩位的啓蒙老師資格是「非常好」。大部分鋼琴家的啓蒙老師資格是「普通」（六二%）或「中上水準」（二四%）。這個模式也發生在游泳和網球。（神經學家和數學家通常接受啓蒙訓練是在學校，這不受教師選擇的不確定因素影響。至於雕塑家，就沒有受到任何早期指導。）

有人可能會懷疑，普通程度的老師很快就會被換成技巧比較好的老師。但事實似乎不是這樣。比方說，布魯姆研究中的鋼琴家，通常會跟隨第一個老師學琴五、六年。從科學觀點來看，就好像這些研究者把世界上最優雅的天鵝血統追溯到一群農舍的髒小雞。正如這個研究扼要的說法：「啓蒙老師大部分是取決於近距離與可獲得的機會。」

機會？但是，伍登、詹森、萊瑞莎，還有其他循循善誘天才的老師之所以成功，難道不是因爲與機會剛好相反的「技能」嗎？乍看之下，布魯姆的研究似乎表示，頂尖的才華是一種先天遺傳的天賦，超越老師的教導。但是，這當中或許另有文章。

我和家人居住的小鎮（人口五千人），剛好就是個音樂天才產地（漫長冬天也有它的好處）。我們這裡有幾位首屈一指的老師，他們都是頂尖音樂學府出身，還有一所新成立的音樂學校。但是，我和太太決定讓孩子開始上鋼琴課時，打聽到的老師卻出乎我們意料：她是一位嬌小的老太太，在小溪邊一輛拖車旁搭建的搖搖欲墜的房子裡教琴。她的名字是瑪麗·愛普森（Mary Epperson）。

當時，愛普森八十六歲，身高一百三十七公分。她有一頭濃密的白髮，還有一雙敏銳的深色眼珠，好像專門爲了讓她表達對世事的好奇與驚奇而生。她說話的聲音富有音樂感，能把一個字拉長成一首愉悅的短歌或密語。她不愛閒聊，但會牢記和別人說過的話，就像這些對話是埋在腦海裡、能使勁抽出的線頭一樣。她大部分對話的起始句是：「現在，告訴我。」

如果你是去瑪麗老師家上課的孩子，以下是上課的情景。首先，她會很高興看到你，整個人就像一棵亮起燈的聖誕樹一樣神采奕奕。你們會聊一下雙方生活近況，當然，她記得所有的事：露營、英文測驗、新腳踏車。講到嚴肅的話題時，她會沉重地點點頭；談有趣的事時，她就會開懷笑出來。她把孩子當成小大人，什麼都不避諱，實話實說。（有一次瑪麗老師問我父親是否會任何樂器。我父親說他試過鋼琴，但不是那塊料。瑪麗老師親切但堅定地回他：「你的意思是沒有耐性吧。」）

課程開始了。從各角度來看，都是常規程序：演奏曲子、出現錯誤、建議哪些地方必須改進、在樂譜上貼貼紙。但在更深層次上，就發生完全不同的事了。每一次互動都能感受到瑪麗老師的興趣和情感投入。指法比較好的時候，就會贏得一陣令人激動的讚美。要是彈錯了，她就會遺憾地說「對不起」，然後要你再彈一次（再彈第二次，或許要再彈第三次）。如果哪次彈得不錯，就會感受到她的一股溫暖喜悅。上課結束後，你會得到一塊錫箔紙包裝的巧克力，接著對她鞠躬說：「謝謝您的教導。」瑪麗老師也會回你一個鞠躬並鄭重地回說：「謝謝你的學習。」

當我讀到布魯姆研究中，對所謂的普通鋼琴啟蒙老師的描述時，就會想到瑪麗老師。

> 她真的很會教小孩子。

她非常和藹，人很好。

她喜歡孩子，人很好，孩子也喜歡她。

他對孩子很有辦法，也真心喜歡孩子，而且與孩子關係融洽。

他非常有耐性，也不太會咄咄逼人。

她有一大籃巧克力棒和金色星星貼紙，我超愛這個音樂老師。

對我來說，去上課是一件大事。

這些人才不是普通老師，瑪麗老師也不是。就像布魯姆和他的研究小組領悟到的，這些老師只是僞裝成普通人，因爲他們的關鍵技能並無法在傳統評定教學能力的標準中顯現出來。這些老師會成功，是因爲他們充分運用天才密碼的第二個元素：激發。他們不斷創造動機、維持動機。他們教的其實是「愛」。正如布魯姆的研究結論所說：「在學習的第一階段，成果似乎就是讓學習者參與其中、著迷、上癮，並讓學習者需要與想要得到更多資訊和專業技能。」

熱愛彈鋼琴，並不容易。鋼琴有很多鍵，而孩子要動到這麼多根手指頭，可能犯的錯誤也不計其數。但是，有些老師就有一種罕見的能力，能讓學生很想彈鋼琴，而且覺得很好玩。就像布魯姆的研究說的：「也許這些老師的主要特質就是，讓啓蒙學習變得非常愉快，讓學生覺得很值得。許多領域的入門都是好玩的活動，而且在這個階段，一開始的學習很像玩遊戲。這些老師給予許多正面的鼓勵，很少會批評孩子。不過，他們還是會設下標準，期待孩子進步，雖然大部分是透過肯定和讚美。」

如果蓋利摩和薩普要在瑪麗老師的小琴房進行研究，他們會發現一連串大量的提示，足以媲美波利體育館的籃球場。這並不是偶然。伍登利用天才機制中的深度練習部分，他所說的話充滿資訊，糾正並磨練神經迴路。另一方面，瑪麗老師則是運用激發，透過情感觸發為燃料箱注入愛和動機。這些老師會成功，是因為建立髓鞘包覆的神經迴路需要深度練習和激發；他們會成功，是由於他們就是天才密碼本身的寫照。

不過，雖然髓鞘是以包覆及時間來計算，但伍登和瑪麗老師也讓我們看見，大師級教練一些比較難捉摸的事：它更像是一種藝術，而非科學。它存在於兩人

第9章

教學的迴路：一個藍圖

老師的影響是永恆的；

永遠無法衡量一個老師的影響力有多深遠。

——亨利．亞當斯

大師級教練的四大強項

出色的教學與其他技能一樣，也是一種技能。只是它看起來像變魔術，事實上，它是許多技能的結合——也就是一組髓鞘包覆的神經迴路，透過深度練習建立起來的。

蓋利摩現在是加州大學洛杉磯分校的傑出榮譽教授，他有一個很棒的方式來描述這種教學技能：「優秀的老師聚焦在學生說了什麼、做了什麼。而且因爲非常專注，再加上對這個學科的深厚知識，所以他們能看到與辨別學生在追求精進的過程中語焉不詳或手腳笨拙的努力，然後透過精準的訊息與學生連結。」

這句話的關鍵詞是「知識」「辨別」與「連結」。蓋利摩所說的，也顯現在詹森、伍登、瑪麗老師身上，也與我們的論點相呼應：**技能是包覆在神經迴路的絕緣層，它會對特定訊號做出反應而增長。**

從最字面的意義來說，大師級教練是人類傳遞訊號的系統，這些訊號刺激與指導一個特定技能迴路的成長，清楚告訴這條迴路：「現在要觸發這裡，不是那裡。」教學是一段漫長與親密的對話，是朝向一個共同目標的一系列訊號和反應。教練的眞正技能，不在於他可以向所有人傳達某種普遍適用的智慧，而在於一種靈活能力，可以找到每個學生能力極限的甜蜜點，並發出正確訊號來幫助學生一次又一次朝著正確目標前進。就像任何複雜的技能一樣，它眞的是許多不同特質的結合——我稱之為「四大強項」。

第一強項：矩陣

我在天才產地碰到的教練與老師，大部分上了年紀，一半以上是六、七十幾歲。他們通常花了好幾十年潛心學習如何執教。這不是偶然，事實上，這是先決條件，因為它建立神經架構，這是大師級教練的技能當中最本質的部分，也就是他們的矩陣（Matrix）。

蓋利摩用「矩陣」這個詞來代表一個廣博的知識網，它讓最棒的老師脫穎而出，也讓他們能有效又有創造性地回應學生的表現。蓋利摩解釋：「優秀的老師具有足夠學養，讓他們總是更深入看到學生的學習程度，並帶學生精進。這樣的老師可以不斷深入，因爲他們能用許多不同方式來思考教材，而且可以建立無窮無盡的連結。」或者正如我所說：多年的工作讓這些大師級教練的神經迴路經年累月被髓鞘包覆，這是技巧知識、策略、經驗與練習本能的神祕組合，隨時可以立即用在判斷與了解學生目前的位置在哪裡，應該往哪個方向。簡言之，這個矩陣就是大師級教練的殺手級應用。

我們接下來會看到矩陣如何運作。現在的問題是，人並不是生來就具備這種知識深度。這就像其他技能一樣，必須結合激發和深度練習的方式，經過日積月累的時間來增長。[1]

成爲大師級教練，並不是偶然。我見過許多教練都有相似的經歷：在各自領域內曾經是相當有前途的人才，但是後來失敗了，然後試著找出原因。有個好例子是出生於路易斯安那州的琳達．瑟普蒂安（Linda Septien），她在德州達拉斯成立了瑟普蒂安歌唱教室。

瑟普蒂安皮膚曬成棕褐色，常穿著緊身運動服、金屬亮色運動鞋，五十四歲的年紀卻充滿青春活力，她擁有自然天生的旺盛精力，能克服大部分人卻步的障礙。這股旺盛精力不僅體現在她說話的方式（迅速俐落，強調關鍵字），以及她開的車是BMW（她說去年只收了十七張超速罰單），還體現在她如何處理生命起起伏伏的態度上。我們在她的工作室第一次談話時，她提到她家去年失火，我問她有多嚴重。

她說：「當時我不在家，但鄰居跟我說，有幾次滿大的爆炸。需要六輛消防車才撲滅。什麼東西都燒光了——鋼琴、護照、衣服、照片、牙刷，全燒掉了。我的鸚鵡克麗歐羽毛燒焦，不過牠活下來了。我不介意東西都沒了，但在乎的是

1 就如同艾瑞克森提醒我們，要達到世界一流的水準，必須有一萬小時深度練習。所以，為什麼大師級教練通常年紀比較大？或許是巧合，也許是受到社會力量的影響（畢竟，大部分孩子成長過程的夢想是成為老虎伍茲，而不是成為教練）。或許這也說明了一個獨特的雙重要求：教練不只必須精通他們所選擇的領域，還必須學習如何有效地教學。

失去時間——對我來說，時間是最寶貴的。去年我們蓋新房子的時候，我得搬家六次，所以這一點都不好玩。不過你知道嗎？」瑟普蒂安給我坦率、燦爛的一笑：「我比較喜歡新家。眞的。」

瑟普蒂安曾經把她的專業打掉重練。她二十出頭時，曾有過成功的歌劇演唱生涯（與紐奧良交響樂團一起表演），並嫁給著名的美式足球員——達拉斯牛仔隊的踢球員拉斐爾．瑟普蒂安（Rafael Septien），事業婚姻兩得意。不過快三十歲時，歌劇事業停頓，婚姻也是。一九八四年她懷著第一胎，與丈夫快要離婚時，她到納許維爾打算轉換到流行音樂，錄製了一張基督教福音專輯。她試唱〈主啊，我是奇蹟〉給一組唱片製作人聽。她以爲自己唱得還不錯。

她回憶說：「我唱得很好；每個音都唱對了。結束時，製作人靜靜坐在那裡。我心想：『我讓他們太驚訝了，他們知道我很棒。』」

瑟普蒂安苦笑：「接著他們告訴我眞相：我唱得糟糕極了。一塌糊塗。他們在乎的不是音準，而是感情。我唱歌沒有放進感覺，沒有感情、沒有故事。我是唱古典聲樂的，完全不知道要怎麼賣一首歌。」

「我沒辦法告訴你這讓我多難受。我以爲自己眞的很棒、非常有才華，可是這些人竟然直白地說我很爛——他們沒有錯，我眞的很爛。這讓我很生氣，也讓我很好奇。我想搞清楚要怎麼做才對。」

接下來幾個月，瑟普蒂安一邊照顧新生兒，一邊向流行及搖滾大明星學習：湯姆・瓊斯、滾石樂團、U2。她研究他們唱歌、動作、說話的方式。她做筆記，潦草寫在餐巾紙與節目單上，把她的發現塞進三孔大資料夾裡。瑟普蒂安像醫學生那樣學習流行音樂，系統性地解構它的各種系統。湯姆・瓊斯唱〈Delilah〉的時候是怎麼呼吸的？波諾如何用動作在舞台上傳達情緒？威利・尼爾森的極簡風唱腔爲何能如此深入人心？她觀察歌手，同樣也觀察聽眾：「是什麼讓他們眞的感動？」

雖然做了許多功課，但瑟普蒂安的歌唱事業接下來幾年還是沒有起飛。爲了生計，她賣房產、擔任代言人、模特兒，有時候在家教古典聲樂。她說：「不能說我是好老師。當時在達拉斯的黃頁廣告上，刊登教聲樂的只有我。」一九九〇年代早期，黛比・吉布森、提芬妮・達維希等年輕歌手大紅大紫時，瑟普蒂安觀察到，想要成爲流行音樂明星歌手的小孩慢慢變多。「我就想，何不呢？我懂流行音樂。我只需要弄懂如何教。」

起初，瑟普蒂安教流行音樂的方式，就像她以前學古典聲樂一樣，循著一套聲樂技法的普遍原則來教學生。但是效果不好。「我很快就改成以歌手爲焦點來教。我意識到自己的工作是找出某個人適合哪個方式，然後把它與流行音樂的要素連結起來。這件事並沒有什麼系統，所以我得自己發明。」

瑟普蒂安拿出她的資料夾埋頭研究，接下來幾年，她發展出一套課程，把她古典聲樂訓練的嚴謹與結構，運用到流行音樂的世界。她挖出惠妮．休斯頓的歌曲來做音階練習。她發展出腹腔發聲練習、聆聽訓練、擬聲吟唱等等課程。她就像KIPP學校的費恩伯格和李文，持續實驗新方法、丟棄無效的方法、一次一次嘗試。她把表演當做重心，爲學生在購物中心、學校與牛仔競技場上安排歌唱演出。她要求學生自己寫歌，並引進專業作曲人來教學生如何寫歌。幾年下來，她的知識矩陣擴張了。一九九一年擴張加速，那年有一個十一歲女孩潔西卡．辛普森出現在瑟普蒂安工作室，她想上歌唱課。

瑟普蒂安回憶說：「她唱〈奇異恩典〉。潔西卡的個性有感染力——眞的甜美可人，不過她在舞台上害羞到不行。另外，她的歌喉有很多地方需要調整。很棒沒錯，但聽起來像教堂美聲，這也難怪，因爲她爸爸是牧師。太多顫音。」瑟普蒂安示範給我聽，辦公室裡充滿震動的聲音：「流行音樂不能有太多顫音。你有看過聲帶嗎？聲帶是兩個一對，粉紅色、形狀像一個V——基本上，聲帶就是肌肉。顫音表示潔西卡沒有好好控制聲帶，所以我們得要練習收緊聲帶，像在調整吉他弦那樣。」

「潔西卡的另一個問題是，她唱歌缺乏感覺，沒有表情、沒有連結到那首音樂的情緒，就像我剛開始一樣。所以我們花很多時間調整這部分。手勢、動作、與聽眾連結，這本身就是一大套學問。聽眾就像一隻大動物，你必須學會控制牠、與牠連結，讓牠呼吸急促、渴望更多。你的歌喉可以很動聽，但是如果無法與聽眾連結，歌喉再棒也沒有用。不過，潔西卡是非常、非常用功的學生，她眞的很投入。」

大概花了兩年時間修正顫音問題，又再花幾年學習舞台表演技巧。跟瑟普蒂安上課五年後，潔西卡在十六歲那年簽到唱片合約。三年之後，她的專輯銷售三百五十萬張，還有一張白金單曲專輯〈I Wanna Love You Forever〉。外界認為潔西卡·辛普森一夕成名，瑟普蒂安每次聽到這種說法都覺得很好笑。

「每個人都說潔西卡是一直在教堂唱詩班唱歌的德州女孩。太荒謬了——這個女孩是靠自己的努力學習才變成她現在的樣子。他們說《美國偶像》冠軍凱莉·克萊森是餐廳服務生，說得好像她以前從來沒唱過歌似的。服務生？拜託喔，凱莉·克萊森是一個歌手，我們都認識她。她接受過訓練，她與其他人一樣努力學唱歌。她與潔西卡一樣都不是憑空冒出來的。你知道的，這不是魔法。」

瑟普蒂安教了潔西卡之後，機會接踵而來。有段時間指導休士頓地區正在崛起的一名歌手，她就是碧昂絲。接著瑟普蒂安利用她日益精湛的技能，教出萊恩·坎培拉、黛咪·洛瓦特等等後來在《美國偶像》進入決賽的歌手。她的小工作室變成著名的明星產製所。

我造訪的那天，聽到《歌舞青春》與《小博士邦尼》中的歌手演唱，還有半打小一號的鐵肺流行天后克莉絲汀·阿奎萊拉的演唱。瑟普蒂安到全國各地巡迴找投資者，她想籌資一億美元擴張歌唱學校，她的財務顧問說這是「音樂學校的Gap」。更重要的是，瑟普蒂安的矩陣現在已經完成了，就像她說：「有人走進那扇門，我就知道自己可以在二十秒之內了解他們。」

以前接受過瑟普蒂安指導的莎拉．亞歷山大（Sarah Alexander），曾經是律師，現在轉行當錄音師：「沒有什麼事是她沒有考慮過的，沒有什麼事能難倒她。她對我的聲帶在任何時刻的表現都瞭若指掌，也明確知道要怎麼調整到更好。她總是能清楚解釋，讓問題可以克服。琳達會照顧到每一個小環節。」

瑟普蒂安說：「大家看到的都是舞台上光鮮亮麗的那一面，忘記了聲帶就是肌肉。聲帶……就是……肌肉。身爲老師，我要求自己與要求學生做的事，並無不同。我知道自己在做什麼，因爲我爲此付出了很多努力。我和他們沒有兩樣。如果長年累月努力去做一件事，你最好能做得更好。如果沒有更好，那我不是很蠢嗎？」

第二強項：洞察力

眼睛是靈魂之窗。大師級教練的眼睛通常是銳利、溫暖，而且聚精會神地凝視著。幾位大師級教練告訴我，他們把自己的眼睛訓練到像照相機，而且都有「全景」攝影機的特質。雖然眼光凝視可以是友善的，但它通常與友善無關，而是與資訊有關。這種眼光是爲了把你看個透徹。

蓋利摩和薩普在一九七四年研究著名籃球教練伍登時，他們驚訝地發現，伍登的讚美和批評占比是很不平均的。也就是說，有些球員得到很多讚美，有些球員則受到很多批評。更重要的是，伍登本人對此也是坦承不諱。每年在球隊季前賽會議上，伍登都會說：「我不會對你們一視同仁。給你們同樣的待遇，這是沒有道理的，因爲你們每個人都不一樣。仁慈的神以祂的智慧，沒有把你我都造成一樣的人。天啊，如果祂把我們造得一模一樣，這個世界不是很無趣嗎？你們在身高、體重、背景、智力、才華等多方面都不一樣。因此，每個人都該得到最適合自己的待遇。我會決定每個人的待遇。」

我見過的大師級教練，絕大多數都和伍登的原則一樣。他們想了解每個學生，這樣才能量身制訂與他們溝通的方式，與學生的整體情況更契合。後文會介紹的美式足球教練馬丁尼茲，他對這個過程有一個生動的比喻：「我看待這件事的方式是，每個人的生命都是一個碗，裝了鮮奶油和大便，而我的工作就是讓這些東西均衡。如果有個孩子的生命裡有很多大便，我就會在裡面加一些鮮奶油。如果有個孩子生命裡完全都是鮮奶油，那我就會混一些大便進去。」

我見過的教練對待新學生時，從宏觀層次上，他們會帶著調查記者那樣的好奇心。他們會去探尋這個人的生活細節，了解他的家庭、收入、人際關係和學習動機。在微觀層次上，大師級教練會持續監測學生對他們的指導方式的反應，確認他們的訊息是否被吸收。這就產生一種說話的節奏。教練會給予一大段資訊，然後停頓，以銳利的鷹眼掃視聽者，好像看著探測游離輻射的蓋格計數器指針一樣。如同瑟普蒂安所說：「我會一直檢驗，因爲我必須知道學生什麼時候不懂。」

蓋利摩說：「他們會在許多層次上聆聽。他們能利用言語與行爲做爲推動學生前進的工具。」

第三強項：GPS反射

網球教練蘭斯多普說：「你必須給他們大量資訊，得讓他們受到衝擊，然後再多一點衝擊。」

衝擊，是一個恰當的用詞。多數大師級教練都是以一連串簡短、生動、清晰的短句傳達資訊給學生。他們從來不會用以下句子開頭：「請你……」或「你是不是覺得」或「要不要這樣……」。他們會用簡短的祈使句說話，最常用的是「現在做××」，經常有「你要……」。下指令的語氣通常不是蠻橫專斷，但是聽起來冷靜又急迫，好像是一個特別有說服力的GPS在迷宮般的城市街道上導航時發出的指令：**左轉**、**右轉**、**直行**、**目的地已抵達**。

舉例來說，琳達．琵普蒂安指導十一歲歌手凱西．林區（Kacie Lynch）唱〈魔鏡、魔鏡〉，以下是為時三分鐘的逐字稿。這個頁面讀起來好像是一個人在說話，不過它就與任何指導過程一樣通常是一場對話，凱西的部分是唱歌，琵普蒂安是說話。

凱西：（唱）

琳達：好，這是一首舞曲，不是那種柔美的歌曲，也不是搖滾情歌。它的節奏很快，所以妳要快。唱的時候要像在吹小號。

凱西：（唱）

琳達：每一句結尾加上擬聲吟唱——像這樣唱：「You know how much he caa-aaares。」

凱西：（唱）

琳達：結尾要漸漸收——應該要像氣球消風那樣。

凱西：（唱）

琳達：利用妳的橫膈膜，不是妳的臉部肌肉。舌頭要緊一點，發聲會更清楚。

凱西：（唱）

琳達：擬聲吟唱那幾個音，臉頰要放鬆……再一點……再一點……就是這樣。

凱西：（唱）

琳達：用打呵欠的肌肉——妳用的是弱弱的肌肉。就是這樣。

凱西：（歌曲唱完）

琳達：還可以，不過我想妳還可以唱得更好。

凱西（點點頭）：嗯哼。

琳達：現在妳要練習，練練練練練。

凱西：好。

這是瑟普蒂安的GPS反射運作狀況，產出一連串彼此相連的生動、即時的指令，刺激學生的技能迴路，引導他們朝正確方向前進。一首歌曲三分鐘，過程中，瑟普蒂安傳送的訊息是：

①整首歌曲的目標／感受（「這是一首舞曲……像在吹小號」）。

②某個段落的目標／感受（「……像氣球，caa-aaares」）。

③必須做到相當具體的身體動作，才能唱出某些音符（「臉頰要放鬆、舌頭要緊、打呵欠的肌肉」）。

④動機／目標（「妳還可以唱得更好……要練習，練練練練練」）。

瑟普蒂安簡明扼要，以一貫生動的方式精準指出錯誤與解決方式。當凱西唱到她要的標準時，她強調出那個關鍵時刻（「就是這樣」）。瑟普蒂安的技能不只是她的知識矩陣，還有閃電般快速連結她的知識矩陣和凱西的表現，將凱西現在的程度與她該採取什麼行動引領凱西達到的水準連結起來。[2]

「耐心」這個詞經常被用來形容傑出的老師在工作時的樣子。但是，其實我看到的不是耐心，反而比較像是試探性、策略性的沒耐心。我見到的大師級教

2 這樣做肯定發揮了效果。這次排練後幾個月，凱西與環球唱片簽下唱片合約。

練，不斷在改變輸入指導的方式。如果A沒有效，他們就會嘗試B或C；如果再失敗，還有後面的選項已經準備好可以用了。外人看起來好像老師耐心地不斷重複，可是仔細觀察，其實是一連串細微的改變，每一個改變都是一次觸發迴路，每一個都創造出相當有價值的組合——錯誤及改正——進而使髓鞘增長。

我在天才產地裡常常聽到幾個短句，有一句最常聽到：「不錯。很好，現在做××。」有個學生剛剛上手一個新動作或新技巧時，教練會說這句話。一旦學生能取得驚人成果（例如：會彈和弦、擊中飛過來的球），教練就會迅速增加難度。不錯，很好，現在速度加快一點；現在用和聲來彈。小小的成功不是停止點，而是墊腳石。

瑟普蒂安說：「這幾年我學到一件很重要的事，就是要推一把。只要一達到一個新階段，就算還在摸索，我也會推著他們前往下一個層次。」

蘭斯多普說：「刺激、刺激、刺激，看你有什麼能耐。頭腦就是這樣，一定要實際動手才知道，很驚人的！」

第四強項：帶有戲劇感的誠實

我見過的教練，很多人都散發一點戲劇味。蘭斯多普一頭白髮梳成前面高聳蓬起，穿著黑色皮夾克，用法蘭克·辛納屈那樣的宏亮男中音說話。瑟普蒂安打扮光鮮亮麗，打理完美的髮型，讓人想到好萊塢明星。網球教練萊瑞莎（年輕時曾經受過演員訓練）喜歡格洛麗亞·斯旺森頭巾式造型，配上潔白無瑕的全套運動服，她的表情能從蘇聯第五代最高領導人布列茲涅夫的怒瞪，瞬間轉變成《黃金女郎》演員貝蒂·懷特的甜美微笑。蘭斯多普對自己扮演的角色非常欣喜，他說：「我是十足的演技派。我會提高嗓門、降低聲音、提出問題、揣摩他們的反應。我什麼樣子都有；有時候很凶、很強硬，有時又很隨和。完全就看什麼方式對孩子有用。」

從這種模式看來，很容易得出一個結論：大師級教練是在搞噱頭。但是我觀察他們愈久，愈是看到這種戲劇效果和性格，其實是大師級教練的工具，用來向學生揭示他們的表現眞相。就像蓋利摩所說，道德誠實是這份職務描述的核心，是更深層次的品格：「眞正優秀的老師之所以能與學生連結，是因爲他們就是道德標準的標竿。他們有同理心、無私，並不是把學生已經知道的事告訴他們，而是賣力找到一個可以建立眞正連結的地方。」

帶有戲劇感的誠實，發揮得最好的時候是，老師演出髓鞘包覆中最必要的角色：指出錯誤。例如：我們先前提過ＫＩＰＰ學校的賈克絲老師教數學。在一小時五十五分鐘裡，賈克絲在教室裡就像重型機具操作專家，撥動各種操縱桿，用她的聲音、肢體、眼睛控制每個動作。她可以在這秒鐘溫暖鼓勵學生，下一秒鐘馬上變得凶巴巴。有一次她發現學生傑拉多用錯公式計算圓周長。

「你爲什麼乘以四？」她不敢置信地提高聲音，用手指猛戳一下那張紙，像目擊者指認排排站的罪犯一樣：「你那裡做對兩題。這裡！就是這個地方，你做錯了。就是這裡！」

她再面對全班時，表情突然變得友善與開朗。指認罪犯的目擊者已經不見了，換成家族裡最親切的阿姨上場：「還有誰不懂的？別害羞。我要確定你們走出去之前，沒有人不懂。」

課堂進行到一半，她提到一個學生何塞一直很努力跟上，他最近的測驗考得不錯。她走向何塞，站得離他很近。

「（考試的事）你跟爸媽說了嗎？」

何塞點點頭。

「他們喜歡嗎？他們喜歡嗎？你會保持到學期末？」

何塞說：「是的，賈克絲老師。」

她嚴肅地看著這個男孩。「我告訴你，何塞，我不喜歡。我不喜歡。」

全班都屏住呼吸，賈克絲老師刻意讓這一刻停留久一點。接著她綻開微笑，她說：「我不喜歡——因爲我愛死了！我愛死了！我－愛－死－了！」

整個班又再做了一次圓周計算，做第二次、做第三次。第一次全班八〇％做對，接下來是九〇％、接下來是九五％、接下來所有人都做對了，這時全班跺腳拍手慶祝。

賈克絲總結說：「我們是不是更懂了？是不是更懂了？這個你們沒有完全懂，不行的，那就是我們沒有練習夠。但是，我們是不是更懂了？是的！」

賈克絲後來告訴我：「我可以跟他們連結，因爲我知道自己在說什麼。我一直到小孩上高中之後才去讀大學，所以我兩邊都經歷過。我知道這些孩子現在的世界是什麼樣子。這與數學無關。我不是在教數學。這是關於人生。重點在於每一天都是新的一天，每當你醒來，看著天空，把它當成天賜的禮物。今天就在這裡。你今天要怎麼過？」

神經迴路成長：爲什麼足球與小提琴的教法不同？

從以上幾位教練來看，我們可能會把大師級教練想成一個忙碌的電工技師，不斷傳送有助益的訊號來刺激學生，焊接髓鞘的連結。這通常是對的。不過很多時候，大部分大師級教練完全保持沉默。

想想這個問題：巴西足球學校和鈴木小提琴教學課程都非常擅長培養世界級

人才，但巴西足球教練很少說話，而鈴木小提琴老師卻經常說話。要了解原因，我們先來逐一分析。

巴西五人制足球的精髓是「簡單」。教練先進行幾項粗略的訓練，然後將大家分成兩隊，進行一場全力以赴的高強度比賽，期間教練幾乎一言不發。教練非常專注。他偶爾微笑、大笑，或是像球迷那樣在驚險時刻發出「噢噢噢噢」。但是他不按傳統的教練方式進行指導，也就是說，他不會暫停比賽、出言指導、讚美、批評或運用任何控制手段。表面上看來，這種無爲的方式，似乎違反大師教練的基本準則。如果你不讓球員暫停、不提供資訊、不讚美、不糾正，要怎麼培養球員的技能？

相對的，鈴木小提琴課程的老師對初學者，是採取細致入微的監督。有些課程要學生花好幾週學習如何持弓與拿小提琴，才准許他們拉奏音符。（在日本，許多鈴木教學法甚至最初幾週都不允許學生碰小提琴，而是拿一個裝有琴弦的鞋盒來練習持琴。）鈴木教學法的訓練與巴西五人制足球背道而馳：它是完全結構化，完全沒有自由發揮的空間。但是，從令人驚豔的結果來看，兩種教學方法

（或看起來沒有在教的技法）似乎都很有效。爲什麼？

答案在於，每種教學技法試圖發展的技能迴路，本質不同。從髓鞘的角度來看，兩位教練所做的事看起來正好相反。事實上，他們所做的都是優秀教練應該做的：他們幫助學生盡量多觸發正確的神經迴路。不同之處在於每個電路成長的形狀。

技能的神經迴路就像任何電路一樣，其形式是按照功能而定。不同技能需要不同的行動模式，因此神經迴路的結構有所不同。比方說，想像一名足球員在突圍時往前場移動之際，他的神經系統是什麼樣子。理想的足球員神經迴路是靈活與迅速的，能根據每個障礙而流暢地變化，產生無數可能的選項，這些選項可以連續觸發：現在這樣、這樣、這樣，還有那樣。速度和靈活性決定一切；迴路愈快速、愈靈活，就能克服更多障礙，這個球員的技能就會愈高超。

如果理想的足球員迴路就像電工的施工藍圖，看起來會像巨大的常春藤樹籬：一個互相連結的廣闊網絡，組成的是許多同樣都可以取用的可能性（也就是假動作和眞動作），它們都通往同一個終點：比利獨自盤球向前。

現在，想像小提琴家演奏莫札特的奏鳴曲時，觸發的神經迴路是什麼樣子。這個神經迴路並不是有各種臨場反應的藤蔓網絡，而是嚴格定義的一串路徑，它是設計來創造（或更準確地說，是重新創造）一組理想的動作。「一致性」至上。小提琴家在演奏A小調和弦時，必須每次一定都是A小調和弦，不能有絲毫偏差。這種精確且穩定的神經迴路，是建立其他漸趨複雜的模式的基礎，它可以形成那首莫札特奏鳴曲。

如果理想的小提琴演奏的神經迴路像電工藍圖，它看起來會是一棵橡樹，堅實的技法是主樹幹，筆直向上生長，再分枝散葉，進入流暢無比的境界——高聳樹冠是伊扎克．帕爾曼凌空飛舞的十六分音符。

在巴西聖保羅，「未經教練指導」的五人制足球訓練中，球員的靈活球技的神經迴路，觸發的速度極快、強度極高。五人制足球訓練提供一個實際學習環境，其中有無數對戰，正是教練想教給球員的，它同時帶來立即回饋的好處：當一個動作沒有效果，腳下的球就會被對方搶走，結果就是大大丟臉；如果你做的動作有效，結果就是進球的狂喜。要是為了指出某些技法細節或給予讚美而暫停比賽，就會打斷那股專注的神經迴路觸發、失敗與學習的過程，而這正是深度練習「靈活神經迴路」的核心。球員在這種自己教自己的課程中學到的，比任何教練講的更有用。[3]

小提琴初學者的情況正好相反。他們的神經迴路不只需要觸發，還要正確地觸發。教練指導比較多，反映了一個重要的生理事實：這條迴路會形成橡樹樹幹的核心。教練的行動形成某種棚架，引導幼苗準確生長到需要去的地方。（順帶一提，這並非表示這個過程需要不必要的嚴肅。我遇到的鈴木課老師很有魅力，也很有領導特質，能把拿著鞋盒變成一個有趣的遊戲。）

足球、寫作和喜劇等技能，都是靈活神經迴路的技能，這表示我們必須長出廣闊的常春藤神經迴路，才能快速在裡面找到路徑，克服不斷變化的障礙。另一方面，拉小提琴、打高爾夫球、體操和花式滑冰，這些都是要求一致性的技能迴路，完全依賴扎實的技術基礎，使我們能夠可靠地再現一場理想表演的基礎。（這就是爲什麼自學的小提琴家、滑冰、體操運動員，很少人能達到世界級程度；自學的小說家、喜劇演員、足球員則是經常出現。）

普遍適用的原則還是一樣的：優秀的教學，能對需要的迴路提供支持。消極的巴西足球教練與高度介入的鈴木小提琴教學法老師，似乎只是使用不同的方式，但仔細觀察時，我們會看到他們的目標是一樣的，跟伍登、瑪麗老師或其他大師級教練一樣：要進入深度練習區域，盡量多多觸發某項任務需要的神經迴路，促進髓鞘生長，最終更靠近每個教練都殷殷期盼的那一天，也就是，學生成爲自己的老師。

蘭斯多普說：「如果有兩個選擇，一是由我告訴他們要做什麼，二是他們自

---

3 況且，球賽有趣多了。這一點，費南多說得最清楚。費南多是聖保羅大學足球教授米蘭達的兒子。我到訪時，他年紀二十幾歲，在美國維吉尼亞州上大學。回到巴西時，他說自己很不能理解美國教練在球賽裡的角色。「在美國，每個人都一直大喊大叫。他們對那些孩子說：『射門！傳球！』有一次我看到一個孩子穿的球衣上寫著『每天都不輕鬆』。」費南多刻意做了一個困惑的表情：「十歲的孩子，每天都不輕鬆？？踢球應該是輕鬆、有趣又好玩。這麼嚴肅可不好。」

己想出要做什麼，我一定每次都選第二項。你得讓孩子能獨立思考、解決問題。看在老天的分上，我不需要每天都看到他們。總不能一直餵他們吃母奶。要點是，他們得自己想出辦法。」

第10章

馬丁尼茲和六千萬美元的賭注

老師是讓自己逐漸變得不被需要的人。

——湯瑪斯·卡拉瑟斯（Thomas Carruthers）

六千萬美元的賭注，爲什麼找一個普通大叔問意見？

大師級教練就像美國太空總署工程師，對於諷刺毫不陌生。他們花了許多年時間煞費苦心地幫助培養人才，可是當火箭升空時，他們就被拋在後面，只能仰望天空。我們每看到一個像伍登這樣聲譽卓著的明星教練，同時就有十幾個教練像詹森、瑪麗老師、萊瑞莎，同樣努力培育世界級英才，卻沒沒無聞。[1]

不過，這條規則也有例外，總會出現一些意想不到的時刻，讓世界的聚光燈照在這些大師級教練的精妙藝術上，其中一個時刻就發生在北加州。這名教練是馬丁尼茲，原因是奧克蘭突擊者隊面臨一個牽涉到六千萬美元的麻煩。

由於突擊者隊前一年二勝十四負的糟糕戰績，它「榮獲」美式足球聯盟的第一爛隊獎：可以選擇全美最有才能的大學球員的權利。偏偏，突擊者隊管理階層不確定要選哪個球員。他們已經把可能性縮到兩個。

選項 A 是卡爾文．詹森（Calvin Johnson），是喬治亞理工學院隊的接球手。

詹森身高一九六公分，體重一〇八公斤，擁有超凡的速度與身體控制兼具的能力，令球探十分驚豔，封他爲足球界的麥可・喬丹。《美國國家美式足球聯盟電視網》分析師麥克・梅約克（Mike Mayock）說：「在所有人的心目中，詹森是這次選秀中最穩的。」

選項 B 是個一九六公分、體重一一七公斤的大問號——賈馬克斯・羅素（JaMarcus Russell）。在球探的雷達上，幾個月前的羅素只是一個微弱的光點而已。他大學時是路易斯安那州立大學的後補四分衛，經過一年表現亮眼而宣布參加選秀，讓許多觀察家大吃一驚。影片和球探報告沒幾份，但看起來很誘人。一方面，羅素的臂力超強（他在跪地時還能擲出五十五公尺遠），加上他的短傳像畫家精準、流暢、有技巧的筆觸一樣，又能在壓力下表現不俗。另一方面，美國

1 這並不是說他們不喜歡自己的角色。我見到的教練之中，只有口無遮攔的蘭斯多普曾經表達不滿，不過那是帶著喜感的不滿。（「如果瑪麗亞（莎拉波娃）沒有買輛新車送我，我就要飲彈自盡。」）

國家美式足球聯盟末段班都是一些被有名無實的四分衛毀掉的球隊。

位於加州阿拉米達的突擊者隊總部，球隊高層爭執不下，有一半要詹森，有一半要羅素。

這可是一筆六千萬美元的賭注，賭的是球隊的未來。所以突擊者球隊辦公室做了唯一能做的事，他們分析所有數據——智力測驗、球探報告、影片、統計數據。然後，把所有資料丟到垃圾桶，打電話給馬丁尼茲。

正式來說，馬丁尼茲是個已經退休的大學球隊教練。他在加州聖馬提歐學院負責指導女子籃球、壘球、男子足球長達三十二年，教練生涯總共贏得一千四百場比賽，每一季都沒有輸過。事實上，很多人認定，馬丁尼茲是指導四分衛的權威。他教出來最有名的學生，是他口中叫「湯米」的孩子，也就是世人熟知的名字——湯姆．布雷迪，爲新英格蘭愛國者隊贏過三次超級盃的四分衛。馬丁尼茲在布雷迪十三歲什麼都不懂的時候就開始指導他，兩人的關係可以從一些事看得出來——布雷迪把馬丁尼茲的球技祕訣隨身帶在皮夾內；布雷迪過去十七年來每年都去找馬丁尼茲三、四次做調整訓練。

馬丁尼茲雖然退休了，但是找他指導的人卻源源不絕。其實就在這次選秀之前的幾個月，羅素的經紀人就私下找過馬丁尼茲，請他調教羅素，幫這位路易斯安那州立大學的明星做好選秀前的準備。

這種情況可說是相當特殊。當年度賭注最大的運動決策，雙方都來尋求同一個人的明智意見——一個沒沒無名的大學隊退休教練，而這樣的人如果沒別的事，可能整天在花園裡東弄西弄的。

我問到突擊者隊打電話來的事，馬丁尼茲笑了。「人生很有趣，對不對？他們對羅素一無所知。沒有人了解羅素。大家對他是一片空白。」馬丁尼茲被逗樂了，而且就像表達別的情緒一樣，他的愉悅感受清楚寫在臉上——狀似獅子的頭微微一偏，搖搖頭，眼神閃爍著難以置信的喜悅。「羅素是他們摸不透的人，一個安靜壯碩的黑人小子。所以他們打電話給一個穿聖馬提歐學院運動衫的傢伙。」

五月一個美麗宜人的星期六，我們坐在馬丁尼茲家的廚房。他健康狀況不佳，有糖尿病和血壓問題，不過看起來氣色不錯，也很勇健，只是腳步有點遲緩。他身高一八三公分，英俊瀟灑，像極了一九四〇年代的電影明星：濃眉之下有一雙炯炯有神的大眼睛、鷹鉤鼻、下巴剛硬有力。這張臉就像山脈，臉上的表情就像天氣一樣變幻。我問他要怎麼教羅素這樣的球員，因爲羅素的經紀人打電話來之前，他從來沒見過羅素。

用浪漫關係來比喻訓練

馬丁尼茲說：「見到一個新來的孩子，就像和一個你心儀的女孩初次見面一樣。雙方眼神交會之際，就會發生一些事情，是深層、看不見的。有什麼觸動到你的神經，有什麼透過眼神交流傳遞給你，要你開口問好。我看孩子第一眼就是這樣，有什麼把我們的連結帶到一個可能不一樣的地方。」

馬丁尼茲停頓了一下，確認我是不是聽懂了。

「我到了亞利桑那州，見到賈馬可斯。他心裡當然會生疑。一定會的。每個人都想從他身上挖出什麼。我跟他說我是誰，然後他就開始說了很多的『是的，先生。是的，先生。不是的，先生』。很有禮貌，但是很拘謹，有距離。這樣是不行的。」

馬丁尼茲往前靠，眼神變得像槍戰高手一樣。

「我跟他說：『聽著，賈馬可斯，我欣賞你的程度，超乎你想像。但我不會拍你馬屁。你要不要聽我的話，隨便你。如果我胡說八道，你可以認定我是在胡說八道。我老了，不需要靠你來讓我出名。但是，我要你做的只有一件事。』」

「賈馬可斯聽到這句話，眼睛瞇成了一條線。他整個人緊張起來，心裡在想：『噢喔，來了來了。』我跟他說：『我要一件簽名球衣和照片，給我孫子。』賈馬可斯這才綻出微笑。」馬丁尼茲開懷大笑地說：「賈馬可斯說：『就這樣喔？』我看著他說：『就這樣。這就是我要的。』從這之後，我們相處得不錯。」

讓我們花點時間想一想馬丁尼茲所描述的。有一個問題是和教練工作有關，但他的描述中沒有任何與足球有關，甚至任何與身體有關的事。他反而帶著小說家對時機和氛圍的敏感度，描述了語言、手勢、情感之類微妙的人際互動。馬丁尼茲並沒有事先計畫或爲這種互動打草稿——他是臨時想出來的。一見到羅素，他能進入自己的知識矩陣，就在三十秒之內，即興搭建起一座信任與尊重的橋梁。難怪他會用「浪漫關係」來比喻——或者，就像他自己用了一個可能讓拉姆男爵高興的「破解保險箱」的比喻：「我必須潛入他們的學習過程。」

互動關係很重要，但這不是唯一要素。爲了跟我說明他如何教羅素，馬丁尼茲邀請我旁觀週末的一場訓練。我們開車幾分鐘來到附近一所高中的操場，有六個四分衛在那裡等著。他們最小的十三歲，最大的十七歲。他們不安地扭動著，以他們的骨架來說，手腳算很長，眼睛炯炯有神。他們看起來就像鹿。馬丁尼茲立即開始訓練。

首先，馬丁尼茲要他們複習「退三步後傳球」的技術，每個星期六都要做這個複習。他要他們排成一列，他就像舞蹈指導員一樣有節奏地喊出：彈跳、接球、退步、轉身、傳球。他發號施令，球員做動作，馬丁尼茲糾正每個球員。

快把球回傳。球在著火了，你必須傳出來。

球要拿高，就像飛機起飛那樣。

球從屁股到腋下。

雙腳分開——像個運動員，現在！

你像個服務生。球拿高，傳球！

你的左腳害死你了，懂我的意思嗎？你腳步沒有到位，你要轉身、彈跳。

看這樣是不是很簡單？

三十秒之內，他用四種獨特方式解釋了正確的後退動作：觸覺（「球在著火了」）、擬人（「服務生」）、圖像（「飛機」）、身體（「屁股到腋下」）。

接下來做其他動作的訓練。每一項訓練都簡單明瞭，是拆解了四分衛的技巧，一一分隔出來練，這樣才能更清楚看到與糾正錯誤。他們一群人練習傳接球，方形傳接與扣勾跑位。最後一回合練習正是布雷迪放在皮夾內的絕招：長距離傳球。一個人站在四分衛和接球手之間，雙手舉高。傳球目標是要通過那兩隻手臂之間窄窄的路徑，遠遠傳出去。這超級簡單，而每次重複練習時，馬丁尼茲都會出聲指導。

做完整。艾力克斯，你只用到手臂。投擲動作要完整。

你這樣一丟出去就被抄截了。現在對手在慶祝得分了。

你的臂力強是強，可是做錯了。要控好球，得用身體。

丟球要有氣勢啊，拜託。

結束之後，我們開車到附近一家餐廳，點漢堡來吃。電視上在播棒球賽。餐廳裡都是大學生，一半以上在看手機或iPod。馬丁尼茲把他們都看在眼裡。

他說：「現在的孩子很難接觸到他們的內心世界。他們懂得如何給出所有正確的答案，回答的都是標準答案。所以我看到什麼，就會直言不諱地說出來，讓他們聽到。我說得很多。每個人都有自己的情感觸發點，你可以觸動一下。你是爲了什麼來這裡？如果出於自願，那好，我們可以做。如果來這裡是因爲你爸，或是你覺得這樣很酷，那時間就會拉很長了。這可不是打流感疫苗這麼簡單。一定要努力，就像拉小提琴。當中沒有任何魔法。如果不練習，你永遠拉不成調。」

他繼續說：「我教的東西有六○%適用於每個人，訣竅在於要怎麼把這六○%傳授給對方。如果我教你，我關心的是你在想什麼、你怎麼想的。我想用適合你的方式來教你怎麼學會。我最大的挑戰，不是教布雷迪，而是教一個完全不會的人，教到某個階段讓他知道怎麼做。這才是教練。」

馬丁尼茲咬了一口漢堡。「我教賈馬可斯，大約二十天左右吧。基本上是在幫一輛很棒的汽車上蠟。今天你看到的那些訓練，我們都有做。丟球、後退、跑陣、長傳。如果太沉悶，我會說幾句好笑的，讓氣氛輕鬆一點。我們只是做一個簡單、常規、直接的調整。然後我們設計一套要做給球探看的訓練計畫。我也花時間與他、他的家人相處。我試著回答這些問題：他能聽進別人的話嗎？他聰不聰明？他的職業道德如何？他有承諾的目標嗎？這些都有。他有很堅定的好價值觀。我見過他叔叔瑞伊，他非常了不起，是很好的榜樣，很不錯的人。突擊者隊問我的時候，我跟他們說我的意見：這個小子會是足球界的歐尼爾。」

二○○七年三月十四日，包括三位總教練和四位經理在內的一百多名全美足球聯盟的人，聚集在路易斯安那州首府巴頓魯治，觀賞羅素選秀前的訓練。接下來一個多小時裡，羅素丟出六十五次每一種可能的傳球，其中只失誤五次。馬丁尼茲說：「胯下傳球、後退傳球，所有動作他都做了。我們完全沒有藏拙。我們想讓外界看到的是，他的弱點並不是弱點。」結束之後，聖地牙哥閃電隊總經理A．J．史密斯（A. J. Smith）把羅素稱爲「我這輩子看過最令人驚豔的四分衛」。六週之後，突擊者隊把羅素排在選秀單上的第一名。媒體問總教練萊恩．基芬（Lane Kiffin）選羅素的原因，他幾乎一字不差地背誦了馬丁尼茲給他們的評估報告，這份敬意也讓馬丁尼茲覺得有趣。「爲什麼突擊者隊會聽我的話？我又不是什麼大咖。我只是個普通大叔。」

突擊者隊之所以會聽馬丁尼茲的意見，是因爲他有一種價值連城與罕見的才華。他可以走到一個素未謀面的人面前，在未知、金錢與懷疑的籠罩下，與這個人建立連結。他可以利用這個連結，在這個人的才華還沒有被世人所知、也許連他本人都不知道的時候，發現這個人的眞實面。

夕陽西下，我和馬丁尼茲坐在他家的車道上。我們聊著他教過的大學球隊、他對布雷迪的訓練、他的家庭。馬丁尼茲還給我幾個教棒球的建議（「安打接球轉傳、短打守備，要用小場地。甚至不要用球——重要的是腦袋」）。他畫草圖給我看，講到每個地方都會確認我是否懂了。談話接近尾聲時他說：「我就是愛當教練。這份工作當中有一種很真實的東西。你腳踏實地去教，就能讓人變得更好。這種感覺，太讚了。」

馬丁尼茲說，他與突擊者隊會談時，關於如何對待羅素，他給教練一個建議：「在前三年，他會需要一個說話和教球方式保持一致的教練。三年之後，他可能會有足夠的經驗和知識去打球。但是你不能只是給一個人六千萬美元，然後說，喂，你要贏球，你要進名人堂。他必須有人指導。他需要一致性。他必須要有一個人指導。」老教練的聲音變得充滿感情。他看著門前那些樹，看了一會兒，清清喉嚨說：「賈馬可斯就和任何人一樣：只靠自己是做不到的。」

結語

髓鞘的世界

如果把天才密碼畫成圖示，看起來會像【圖表11-1】。

這個模型有用之處在於，它就和髓鞘本身一樣靈活，適用於小至家庭，大至整個國家的所有技能。本書最後，我想概略介紹天才密碼如何運用在人生其他領域，尤其是教育、工作、高齡者、教養，甚至是精進社交技巧。這本書一開始就承諾把天才密碼當成一副 X 光透視眼鏡。現在，我們就來看看用它當成望遠鏡的效果如何。

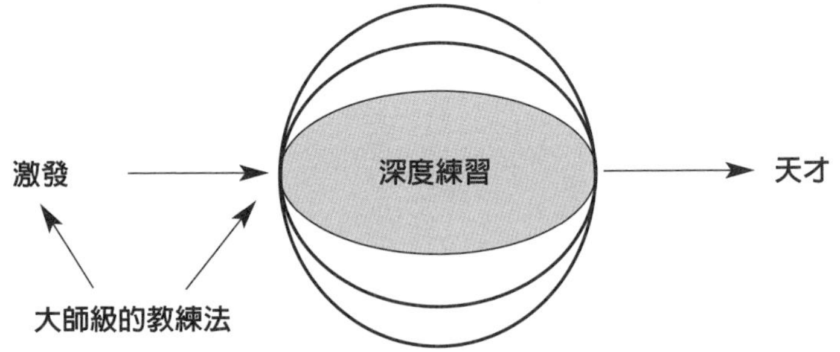

圖表 11-1

髓鞘與教育

過去四十年來，美國教育被所謂「閱讀戰爭」區分成兩個陣營。一方是抱持「自然發音法」觀點的傳統派，相信學會閱讀最好的方式，是透過記住個別字母和字母群的發音。另一派則信奉「全語言」，這是一九七〇年代創立的理論，認為所有孩子與生俱來都有讀寫能力，這種能力是根據固定的發展階段而到來。這派人士相信教師的角色就像一句俗話：「從旁引導，而非講台上的聖人。」

「全語言」漸漸在一九八〇年代興起。亞利桑納大學教授肯尼斯・古德曼（Kenneth Goodman）在《全語言的「全」在哪裡？》（*What's Whole in Whole Language*）一書寫道：「把字母與聲音配對，就像『世界是平的』觀點。」學校開始提供豐富的讀寫環境，有書、文字和故事，讓孩子能表達這種被認為是與生俱來的能力。強調意思，多於單純的發音；系統性的文法指導被認為是過時的；鼓勵學生忽略錯誤、用自己發明的拼音方式。這個思潮在教育圈裡傳開，政治人物隨之跟進。一九八七年加州規定用「全語言」方式來教讀寫。

對於中上收入家庭的孩子來說，全語言似乎有幫助，或者說，至少沒有明顯的傷害。但是，對於少數族裔及低收入家庭的孩子來說，這是一場不折不扣的災難。到了一九九〇年代早期，加州在全國教育進展測驗中的分數，排名低於所有州，只贏過路易斯安那州。其他採用全語言教學方式的州，分數也下降。一九九八年有兩個主要研究機構，美國國家科學研究委員會與國家閱讀小組發現，對大部分學生來說，缺乏自然發音法是學習成績下降的原因。查爾斯．賽克斯（Charles Sykes）在《把孩子教笨了》（*Dumbing Down Our Kids*）書中描述一個四年級學生寫出「I'm going to has majik skates. Im goin to go to disenelan. Im goin to bin my mom and dad and brusr and sisd. We r go to se mickey mouse.」句子時，老師給他的分數是平均以上，評語是「哇！」。

因此，鐘擺又擺回「自然發音法」。而「全語言」捍衛者調整了自己的立場，把自然發音法結合到他們的理論中，但仍然努力宣揚其觀點中的核心眞理。另一方面，自然發音法的支持者指出自己的一系列値得推廣的有前途計畫。這一切都讓許多老師和學校在一堆看似矛盾的理論中徘徊，不知道誰才是對的。

透過天才密碼的角度來看這個問題，答案是顯而易見的。自然發音法與全語言之間的關係，完全反映著深度練習與激發之間的關係。自然發音法建立穩固可靠的神經迴路，注意錯誤、修正錯誤。它的重點是組塊化：把一項技能分解成小部分，然後一再練習這項技能內的每個動作。它牽涉到系統性地發出訊號，建造出可靠的高速技能迴路——你現在就在使用這個迴路。

另一方面，全語言則與激發有關。創造環境讓孩子愛上讀寫，藉此爲學習的動機加油。全語言就像任何激發作用一樣，它可以爲那些已經有興趣和機會做深度練習的人，創造加速作用。但是對於那些沒有興趣和深度練習機會的人，它是沒有用處的。了解髓鞘，就能了解所謂的閱讀戰爭不應該是一場戰爭。學生需要兩者，才會成功。

另一個值得一問的教育問題是：爲什麼芬蘭孩子這麼聰明？

在「國際學生能力評量計畫」（簡稱PISA）中，儘管與其他一些成績優異的國家相比，芬蘭的學生文化在很多方面都與美國相似，但芬蘭青少年的得分超過世界其他國家。《華爾街日報》提到，芬蘭學生「在網路上浪費時間。染頭髮、喜歡諷刺、聽饒舌和重金屬。但到了九年級，他們在數學、科學和閱讀方面遙遙領先，並有望使芬蘭人躋身世界上生產力最高的工作者之列」。更重要的是，培養芬蘭學生的花費比培養美國學生少，每年七千五百美元對比於一年八千七百美元。有些觀察家解釋，這是因爲芬蘭的自律傳統與人口組成的同質性，不過這種解釋並沒有什麼說服力。在一九八〇年代以前，這些優勢也是存在的，但當時芬蘭教育水準被認爲是中等。所以，到底是什麼改變了？

赫爾辛基的阿拉比亞綜合中學校長凱蘇．卡爾凱南（Kaisu Karkkainen）對《華盛頓時報》說：「有三個原因。就是老師、老師、老師。」

在芬蘭，老師的社會地位等同於醫生或律師，薪資報酬也相去不遠。所有小學老師都有教育學碩士學位；學校的經營方式就像教學醫院，新進老師的教學受到分析和評估。教師就業環境的競爭相當激烈，有些學校開出一個職缺，就有四十人來應徵。由於文化包容性，再加上聰明的規畫與投資的巧妙結合，芬蘭似乎找到一種方法，能在學校體制中做到教育工作的深度練習。

芬蘭作家、哲學家派卡・海莫能（Pekka Himanen）說：「關鍵不是投資了多少錢。重點在於人。芬蘭教育的高品質，靠的是芬蘭老師的高素質……許多最優秀的學生想成為老師。連帶的事實是，我們真的相信現在是資訊時代，所以像教學這種關鍵的資訊專業工作，是很受尊敬的。」

最後，透過髓鞘的角度，我們來看第三個教育相關問題：像《小小愛因斯坦》（價值五億美元產業裡的先驅）之類的嬰兒大腦開發DVD，真的會讓孩子更聰明嗎？根據過去對天才的看法，答案似乎是肯定的。畢竟，如果天才是與生俱來，那麼觀看這些由色彩繽紛的形狀和光影構成的簡單、迷人的DVD，想必有助於開發嬰兒的大腦（更別說能讓忙碌的家長喘口氣）。

但是，研究顯示，跟嬰兒大腦開發有關的DVD並不會讓孩子變得更聰明。事實上，還會讓他們更不聰明。二〇〇七年華盛頓大學發表一項研究發現，對八至十六個月的嬰幼兒來說，每天觀看一小時的「大腦科學」嬰兒DVD，字彙習得量隨之減少一七%。如果以髓鞘模型的角度來想這件事，就完全說得通了。嬰兒大腦開發ＤＶＤ不會有效，因爲它無法創造深度練習——而且，由於占掉可以用來觸發神經迴路的時間，看ＤＶＤ還積極阻擋了深度練習。影片裡的圖像和聲音，就像給嬰兒泡溫水澡——好玩、身臨其境，但比起嬰兒在眞實世界裡蹣跚學步時發生的豐富互動、犯錯、學習，這毫無用處。或者換句話說：**技能是包覆在神經迴路的絕緣層，它會對特定訊號做出反應而增長。**

髓鞘與企業經營

說到擅長創造生動比喻，很少有哪個領域比得過企管顧問產業。企管顧問大師會告訴我們，優秀的組織就像運動隊在比賽，或者像航行在凶險海洋的船隻，或者像攀登聖母峰的登山隊，或者像交戰的希臘城市，或者任何其他結構繁複又引人注目的誇張比喻……這些比喻全都有各自的角色、規則和改進框架；這些比喻也或多或少都是實話——視情況而定。

髓鞘給我們一個不同的模型，拋掉這些比喻的裝飾，它只簡單說這句：**優秀的組織是由髓鞘構成的**。就這樣。企業就是由一群人組成的團體，他們建立與磨練技能迴路的方式，就和斯巴達克俱樂部的網球選手、草山音樂學校的小提琴家一樣。一個組織愈是能擁抱激發、深度練習、大師級的教練法這三項要素的核心，就會產生愈多髓鞘，它就會更成功。

三十年前，豐田汽車只是中等規模的汽車公司，到二〇〇九年，它已成爲全球最大的汽車製造商。多數分析師把豐田的成功歸功於它的「改善」策略，也就是「持續改進」，我們大可以把它稱爲「企業的深度練習」。改善就是發現和改進小問題的過程。從工友以上的每個員工，如果看到問題，都有權利停止生產線（每間工廠都設置「安燈」拉繩）。絕大多數的改善來自員工，而且絕大數的這些改變都非常小，例如：有個零件箱的位置移動三十公分。但是，微小改變會一直累積起來。據估計，每年豐田汽車每一條生產線，微小的改善多達一千個，整體加起來是一百萬個微小的改善。

踩著這些嬰兒小碎步的豐田汽車，就像正在製造汽車的大巨人克萊瑞莎。這些微小的改變，就像每一個髓鞘微小的包覆動作，幫助這條迴路能運行得更快一點點、順暢一點點、精確一點點。豐田汽車在肯塔基州喬治城的工廠，大門上的標語就是完美的深度練習的語言：「出錯時，要問五次『爲什麼』。」

這聽起來似乎很簡單。但事實上，就像所有深度練習，你必須先克服人類想粉飾問題的天性——在企業管理中，這是尤其困難的事。豐田汽車公司事務副總裁詹姆斯・維斯曼（James Wiseman）對《快公司》雜誌描述他第一天到公司的情況。他說，在他的前一份工作，「大家總是在找靈丹妙藥，在找那個戲劇性的大幅改善」，到了豐田汽車，他發現不一樣。「有個星期五，我報告我們正在做的一個活動（擴廠），我講得非常正面，還吹噓了一下。大約過了兩、三分鐘，我坐下來。張先生（張富士夫，當時的豐田汽車全球董事長）看著我。我看得出他是困惑的。他說：『詹姆斯先生，我們都知道你是很優秀的管理者，不然我們不會雇用你。但是，請說你們的問題，這樣大家才能一起解決這些問題。』」

髓鞘與心理學

「害羞診所」位在加州帕羅奧圖一條熱鬧大街的辦公園區裡，這裡毫無特色。牆面是石板灰，家具是深紅色，唯一顯現生機跡象的是一幅水底下的攝影，照片上是小丑魚在海葵觸手安全包圍下，警戒地窺視。這間診所成立的理念是：社交技巧和其他任何技巧一樣。創辦人菲利普·金巴多（Philip Zimbardo）和林恩·韓德森（Lynne Henderson）把他們的概念叫做「社交適能訓練」——我們也可以稱爲「透過深度練習的髓鞘增長」。

治療師妮可·施洛芙（Nicole Shiloff）說：「我們相信，人會害羞並不是因爲缺乏社交技巧，而是因爲沒有充分練習。講電話、邀某人約會，這些都是可以學的技能，就像網球正手拍。關鍵是，人必須在那個不舒服的地方徘徊，學習容忍焦慮。只要你願意練習，就能到達自己想要的程度。」

這種治療方式的開山始祖是亞伯·艾里斯博士（Dr. Albert Ellis），他生於一九一三年，在紐約布魯克斯長大，青少年時十分害羞，完全無法與女性交談。但是有一天下午，他決定做出改變。他坐在紐約植物園的長椅上，跟任何坐下來的女性聊天。一個月內他與一百三十名女人講話。他說：「其中三十個人立刻走開。我與其他一百名女人講到話，這是我生平第一次，不管有多焦慮。沒有人嘔吐或跑掉。沒有人報警。」

艾里斯後來寫了很多書，建立一種直接交談、行動導向的方法，挑戰佛洛伊德爬梳童年經歷的治療模式。他說：「精神官能症只是大發牢騷的高級用語而已。大部分治療法的麻煩在於，它讓你感覺好一點，但是你並沒有好轉。你必須用行動、行動、行動來支持它。」

艾里斯的方法，結合了亞倫．貝克醫師（Dr. Aaron Beck）的做法，成爲所謂的認知行爲治療，根據《紐約時報》的報導，在對抗憂鬱、焦慮、強迫症等行爲上，該療法的效果等同或優於處方藥。艾里斯喜歡指出，他的觀點並不新穎：這些觀點來自斯多葛學派的哲學家，比如哲人愛比克泰德說：「帶來痛苦的，不是事件，而是我們對事件的看法。」

艾里斯在二〇〇七年逝世，被美國心理學會稱爲二十世紀第二個最有影響力的心理學家（卡爾．羅傑斯是第一，佛洛依德排第三）。

我去旁觀「害羞診所」的診療時段，裡面有八位害羞個案，過程是典型的：不講任何人的過去，也不解構害羞的根本成因。診療時間只有練習和回饋，在施洛芙溫和與堅定的指導下，糾正任何不精確的看法，督促他們再接再厲。這就像在草山音樂學校、斯巴達克或其他天才產地。

個案一開始先嘗試比較容易的挑戰：角色扮演、在茶水間聊天和打電話。過幾個月，逐漸進展到比較困難的任務，比如邀請某人跟你約會。到了療程最高層級，要做出堪比奧林匹克的外向舉動，例如：在擁擠的超市中把西瓜摔到地上，這種刻意讓自己出糗的狀況。施洛芙解釋，目的是觸發神經迴路，所以要處在不舒服的區域，時間一次比一次長。這又是嬰兒蹣跚學步的過程，不過診所有更貼切的方式來形容這種感受。施洛芙有名個案是大學生，姑且稱他爲大衛，他把這個療程與打電玩破關做比較。「一開始，一切都很混亂，好像所有東西從四面八方朝你飛過來。但隨後你會慢慢摸索出來，不久之後就會覺得自然了。」

帶著微笑的二十六歲電腦技術員安德烈對我說，報名害羞門診之前，他有好幾個月沒有和任何女性說過話，現在他已經去過三次約會，還報名了國標舞課。安德烈說：「我以爲自己天生就是這樣，後來我想，這樣想有什麼用？但把它當成一種技能時，一切就改變了。」

深度練習和髓鞘，也是「虛擬伊拉克」這個新技術成功的原因。「虛擬伊拉克」是用來幫助飽受創傷後壓力症候群的美國士兵。日常生活中的事件（比如汽車逆火聲或腳步聲）會引發他們痛苦的回憶，造成精神衰弱。「虛擬伊拉克」利用類似電玩的軟體，幫助患者體驗他們的創傷，逼眞重現創傷場景，包括味道、聲音、感官。這種療法背後的概念是，重溫記憶並消除它的威力，心理治療師稱爲「延長暴露療法」。

以這部分來說，「虛擬伊拉克」運作方式完全與害羞門診、其他天才產地一樣。想獲得的技能是，經歷創傷事件（腳步聲、巨響）的同時，不觸發使人神經衰弱的連結。創傷後壓力症候群患者無法重建神經迴路（記得，髓鞘只能包覆，無法解開），所以獲得新技能的最佳方式是，透過深度練習建立一個新迴路，它把引發創傷經驗的刺激，連結到正常的日常生活事件。剛開始很困難，但是迴路刺激更多次，患者觸發該迴路的能力就愈好。有一名接受治療的士兵對《紐約時報》說：「大部份侵入性想法都消失了。創傷後壓力症候群是永遠沒辦法擺脫的，但是你可以學著如何與它共處。我有一張（戰死的）小隊長的照片，過去三年來我都不敢看，現在它就掛在我的牆上。」

髓鞘與老化

有關認知和老化的研究成果愈來愈多，每項新研究都重複著相同的內容：用進廢退。臨床詞彙是「認知儲備」（cognitive reserve），這聽起來很抽象，直到巴茲佐奇斯以餐巾緊緊裹住一枝筆，用這個方式來解釋到底是怎麼回事。這枝筆代表神經纖維，餐巾就是髓鞘。巴茲佐奇斯解釋，大腦老化，就是餐巾上開始出現空隙。

巴茲佐奇斯說：「基本上，髓鞘會隨著年紀開始裂開。這就是爲什麼你碰到的每個老人的行動都比年輕時更慢。他們的肌肉沒有改變，但是能把電脈衝送到肌肉的速度改變了，因爲髓鞘老化了。」

所幸，髓鞘包覆的自然形成過程在三十幾歲時結束，但是整體髓鞘量仍然會增加，直到五十幾歲。而且，透過深度練習，我們還是保有增加更多髓鞘的能力。巴茲佐奇斯說：「你一定要記得，髓鞘是活生生的，它一直在生成及退化，就像戰爭。我們比較年輕時，很容易就建立髓鞘。隨著年齡漸漸增長，整體平衡會轉向退化，但是我們還是可以繼續增加髓鞘。就算髓鞘裂開了，我們還是可以重建它，一直到生命最後一刻。」

巴茲佐奇斯說，這就是爲什麼教育程度是預測阿茲海默症發病最可靠的指標。更多教育可以創造更厚的髓鞘、更穩固的神經迴路，更能在疾病的早期階段發揮補償作用。這也就是爲什麼近年來出現大量新研究、書籍、電玩遊戲，都建立在以髓鞘爲中心的原則上，也就是練習能減緩認知退化。

髓鞘模型也強調追求新挑戰的重要性。實驗結果發現，人在被迫適應、調適自己來迎接挑戰時（也就是犯錯、集中注意力、深度練習），往往能增加認知儲備。有個研究顯示，從事更多休閒活動的老人，罹患失智症的風險降低三八％。有一位神經學家指出，「用進廢退」必須更新，它應該是「用進，愈靈活」。

髓鞘與親子教養

我跟太太就像許多的家長，在孩子小時候花了很多時間觀察跡象，四個孩子爬行、學步、開始跑，我們不禁會猜想他們身上蘊藏什麼祕密才華。兒子或女兒將來會不會是音樂家呢？運動選手？科學家？這種想法有其正向的一面——相信自己的孩子天生帶有特殊天賦，是令人興奮的事。但是，這種想法也是基於一些錯誤假設，也絕對產生了錯誤期待。別的事不說，光是開車接送也沒完沒了。美術課？沒問題！曲棍球訓練營？跳舞課？體操？什麼都要！身爲神祕天才的家長，你沒有任何有說服力的理由，推掉可能會讓孩子天分展現的機會。

但是，當你把才華當做髓鞘來想時——當你想像那些小小的聖誕燈串時，當你尋找一觸即發的激發瞬間時，當你調準自己發出的教學訊號——人生就改變了。就像絕大多數的重大改變一樣，這個改變以微小的方式展現出來。就像我家兒子艾登彈鋼琴，他在學一首有點難度的新曲子，我太太鼓勵他彈出前五個音、一次又一次，像嬰兒學步一樣慢慢彈出來，直到能順暢彈奏。我家女兒凱蒂和莉亞學滑雪，很興奮地跟我們說她們跌了很多次，這一定是學得愈來愈好的跡象（這個概念用在滑雪比學開車更適合）。還有，我家三個女兒像勃朗特姐妹一樣進入熱中亂寫亂畫的時期，她們開始寫故事與字母給對方看。我太太給她們一堆彩色筆和簿子，激發她們瘋狂創作。不過大部分時間，我覺得我看待失敗的態度改變了，我不再覺得那是挫敗或是不祥的預兆，而比較像是一條通往前方的道路。

二〇〇八年的夏天，我們最小的女兒柔伊準備開始上鋼琴課。她喜歡在鍵盤上敲敲敲，兩個姐姐彈過幾首曲子給她聽。有天下午柔伊卻開始說起小提琴，她說那聲音好好聽、她好想要一把小提琴。我們不確定她這個想法是哪裡來的（是因爲她去看過香草藍調的音樂會嗎？她有朋友在拉小提琴嗎？）。總之，我們就買了一把二手的小提琴，找了鈴木教學法的老師。長話短說：後來我們家晚餐時間會有一個邊走動邊演奏的迷你小提琴手（而且她要求打賞是不會害羞的）。

研究動機的心理學家卡蘿．杜維克喜歡說，全世界的教養建議都可以濃縮成兩條簡單規則：**注意觀察孩子著迷的事**、**讚美孩子付出努力**。我會加上：**告訴孩子，髓鞘機制是怎麼運作的**。杜維克本人有一個研究就是在揭開傳遞這個訊息的威力。她一開始先把七百名成績不佳的中學生分成兩組。第一組學生參加爲時八週的學習技巧工作坊。第二組學生參加相同的工作坊，但多加一項：一堂五十分鐘的特殊課，描述大腦是如何在挑戰之下成長。在一個學期內，第二組學生的分數與學習習慣大幅提升與改善。研究者沒有告訴老師哪個學生被分在哪一組，但是老師都看得出來。老師們不知道這是爲什麼，但他們知道有個很大的變化。

二〇〇八年六月，我應邀擔任我們小鎮少棒聯盟全明星隊的教練，隊員是一群十一、二歲的男孩。這份工作不是大家搶著做，這是有原因的。我們住在阿拉斯加的荷馬，我們的隊伍參加棒球錦標賽有著悠久的慘敗傳統。過去十年來，絕大多數的錦標賽情節都和波士頓大屠殺差不多：我們這個濱海小鎮隊伍是拼拼湊湊組起來的、個個骨瘦如柴、裝備簡陋，對上的都是訓練有素、制服鮮亮、來自遠方大城的隊伍。兩年前，我們每場比賽都輸十分以上。

我們小鎮的少棒聯盟總共就只有三十名孩子，而且只有三週可以練習，我和其他兩個教練沒辦法挑三揀四。因此，我們挑出的十二名球員裡，少數幾個實力比較穩，其他都是年紀比較小、才剛開始打棒球的球員。山姆是外野手與一壘手，他的打擊姿勢很像一個人在跟狼獾搏鬥。耿恩喜歡戴毛線帽、不喜歡戴棒球帽，他還搞不太懂一些規則，比如在打者打出高飛球的時候，跑壘者到底應不應該跑。其他幾個男孩則是懼怕球，這也不是沒有原因，因為班的兩隻眼睛都黑青、鼻子也斷過，這是某次在不明智指導之下三方傳接的紀念品。我們第一次練習時，球員們投接球熱身，我和其他教練提出一項挑戰：每一組在傳接球時，是否能好好投出十球，不要投太偏或漏接？過了十五分鐘之後，我們決定，還是做下一個練習動作好了。

有句俗話說，路只有一條。我就跟KIPP學校的芬柏格和李文一樣，用的是《虎豹小霸王》的手段。接下來三週，我從過去一年內拜訪過的地方，偷走那些人的教學點子，然後與其他教練把這些方法運用在我們的少棒隊。

就像草山音樂學校的音樂老師，我們教打擊是教他們慢慢揮棒，先用一棵樹來練習，其他球員看著，一再模仿好的揮棒動作。

我們學伍登或瑟普蒂安，像GPS一樣迅速下指示。前幾年我在教球時，總是把整隊當成一個整體在教，同一套教給所有人。現在我試著鎖定每個球員，找方法與他們連結，要是某人哪裡做對了，就停下來告訴他、要他記得那個感覺。

我們向巴西五人制足球學習，想辦法壓縮、加速。我們設定打擊練習為九公尺、而不是十四公尺，逼迫打者反應更迅速。

我們學馬丁尼茲，設置縮小版的棒球場來教守備位置，把守備的心智要素獨立出來教——誰要先接短打，跑者奔回本壘時哪些人要轉傳。我毫無羞恥完全模仿馬丁尼茲說話：**投擲動作要完整。揮棒要有氣勢。看這樣是不是很簡單？**

比賽那天，我們租了一輛休旅車，往北開到基奈這個爲期四天的錦標賽主辦城市。我們在球場搭好帳篷，迅速組裝好祕密武器：吉祥物北極熊娃娃、賽前的鮭魚大餐，還用上我女兒各種橡皮圈和髮辮，讓我們的隊伍成員綁出冰島歌手碧玉那樣獨特的髮型。

一切就緒。但是第一個對手科迪亞克隊步伐穩健踏上球場時，我們的球隊突然一陣抽搐、緊張起來。看台上的家長也是，其中有些人去年目睹過我們對上科迪亞克的比賽，十五比一，我們被狠狠輾壓。科迪亞克隊展開精心編排的賽前熱身。我們默默看著，大氣不吭。班驚奇地說：「他們好——厲——害——」

科迪亞克隊好像是要證明這句話，一開場就打出一記漂亮短打，球慢條斯理地滾到三壘邊線——肯定會得分。但是，並沒有。我們的三壘手布萊恩衝過去徒手鏟起球，迅速丟向壘包，二壘手喬翰等在那裡接殺，就像我們練習的那樣。我們讓對手三局都沒有得分，然後我們揮出兩記重擊，拿下兩分取得領先。科迪亞克隊以四分回應，接著我們追平——布萊恩擊球飛出左外野圍欄，這是堪比安德魯．瓊斯的全壘打！他和我們都很驚訝。這場球打得緊張刺激、精采萬分，差一點點就贏了。我們全隊走回紮營區時，每個人對剛才的表現既震驚又高興。我們都感覺到「哇噻效應」那股奇異的興奮激動感，有個家長說「這簡直是奇蹟」。

如果能說我們奇蹟般地贏了錦標賽，該有多好。但我們沒有贏。我們打得很好，贏了一場，輸了兩場比分更接近、令人心臟停止的比賽，另外一場打到加賽局。每場比賽都有啓示性的時刻：耿恩擊出一壘安打，艾登投出絕殺球，班無所畏懼地接球，前狼獾戰士山姆打出全壘打。最後一場球打完，我們拔營，有幾個球員還穿著制服在球場上傳接球。他們可能會玩整晚。

我開始進行這項計畫時，看到一張髓鞘的電子顯微鏡照片。畫面顆粒很粗又模糊，就一般標準來說，並不是拍得很好的照片，但是我喜歡看它，因爲可以看到每個獨立的髓鞘層，就像懸崖露出的紋理，或是樹的年輪。每一圈的髓鞘包覆都是過去某個事件的足跡。也許這一圈是因爲某個教練的指令造成的；也許那一圈是家長鼓勵的眼神形成的；也許這一圈是聽到自己喜歡的歌曲生成的。在髓鞘的螺旋紋中，蘊藏著一個人的祕密過往，也就是是塑造人生的各種互動和影響，以及出於某種原因亮起的聖誕樹燈泡。

在家裡，和家人一起玩遊戲時、在看書看得忘我時，或是圍坐在餐桌邊聊天時，我發現自己腦海有時會浮現這些燈泡在一閃一閃。我的孩子很快就會長大，做出難以想像的複雜與令人驚異的事，現在看起來好像不可能，其實並非如此。它會發生的。畢竟，我們是髓鞘人。

有天，我家女兒柔伊拿起小提琴，零零落落地練起一首新曲子，是關於胖國王和皇后養了一隻狗。她經常停下來。她會犯錯。她不斷重新開始。聽起來斷斷續續，但是很美妙。她說：「我要練習無數億遍。我要拉到超級棒！」

致謝

這項寫作計畫可以透過許多方式來計算：日曆（費時兩年）、旅行距離（飛行八千多公里），或者當我樂觀地嘗試參加網球、數學、足球比賽時所遭受的打擊次數，以及與地球上髓鞘最豐富的一些人進行各種活動（誰會想到大提琴手會擅長打乒乓球？）。但衡量這本書最持久的方式是，我一路上遇到的那些慷慨又樂於協助的人。

在莫斯科，我要謝謝 Elena Rybina、Maya Belyaeva、Vitaly Yakovenko、Michael Gorin 與 Shamil Tarpischev。在古拉索，謝謝 Frank Curiel、Norval Faneyte、Percy Lebacks、Lucio Anthonia、Philbert Llewellyn。在聖保羅，謝謝 Dr. Emilio Miranda、Fernando Miranda 與「Soccer Futuro」的 Mike Keohane。在草山音樂教室，謝謝 Mary McGowan-Welp、Owen Carman、Skye Carman、Hans Jensen、Melissa Kraut 與 Sally Thomas。在瑟普蒂安娛樂集團，感謝

Mathew Butler、Remington Rafael、Eric Neff 與 Sarah Alexander。在 KIPP，謝謝 Sehba Ali、Steve Mancini、Ana Payes、Michael Mann、Leslie Eichler 和 Lolita Jackson。在害羞診所，感謝 Nicole Shiloff 與 Aziz Gazipura。其他協助者包括 Mary Carillo、John Yandell、Eliot Teltscher、Matt Cronin、Chris Downs、Alexei Tolkachev、Charles Euchner、Michael Sokolove、Kim Engler 與 Rafe Esquith。我也要謝謝蘭斯多普、馬丁尼茲兩位教練給予智慧之語。

第一次探索這個主題，我寫了一篇文章刊登在《Play：紐約時報運動雜誌》。我要謝謝該雜誌的編輯 Mark Bryant 與 Laura Hohnhold，貢獻聰明才智與友誼——同時也要強調，我們一起工作進入第三個十年，從邏輯的角度來看，這一定是有意義的。也要謝謝足智多謀的 Charles Wilson 協助研究，還有 James Watson、Shan Carter 與 Kassie Bracken。

我很感謝許多神經學家、心理學家、科學家把他們的時間和專業借給我，尤其是 Doug Fields、Anders Ericsson 與 George Bartzokis。我也想謝謝 Albert Bandura、John Bargh、Geoff Cohen、Deborah Feltz、Dan Gould、Bill

Greenough、John Milton、Richard Nisbett、Sam Regalado、Ronald Riggio、Jack Rosenbluth、Jim Stigler、Jeff Stone、Christopher Storm、Greg Walton、Mark Williams 與 Barry Zimmerman。

特別要感謝的是我出色的編輯——Beth Rashbaum，她的熱情、耐心與高超的指導，都能在本書的每一頁感受到。還要感謝才華洋溢的 Barb Burg 與 Theresa Zoro，他們早期的支持，協助推出這本書。也要謝謝總是幫忙的 Angela Polidoro。謝謝我的經紀人 David Black，他在專業上可比美國職籃的麥可．喬丹，也要謝謝他的傑出團隊，包括 Susan Raihofer、Antonella Iannarino、Leigh Ann Eliseo 和 David Larabell。

說到團隊，我很幸運，初稿經過出色的作家 Tom Kizzia 與 Todd Balf 敏銳的眼光看過，後者的編輯敏銳度僅次於他的 Nerf 籃球技能。其他用各種方式協助這個計畫的包括 Jeff Keller、Rob Fisher、Jim Klein、Marshall Sella、Mike Paterniti、Vince Tillion、Paula Martin、Mark Brinster、Geo Beach、Maya Rohr、Bill Pabst、Ross Riddle、Mark Newson-Smith、Jeff Rabb、Ken Dice、Bill Bell、Jim Gallagher，

以及《Salty Kat》雜誌的職員，還有少棒聯盟的教練夥伴 Bonnie Jason、Douglas Westphal 與 Kenton Bloom。我想謝謝安克拉治公立學校的傑出老師們，包括 Nell Simmons、Pat Jobe、Hope Vig、Nina Prockish、Katie Hannon、Carolyn Crosby、Martha Hershberger、Marilyn Cimino、Gordon Spidle 與 Putt Middleton。特別感謝 Tom Bursch，跟我談了很多次的天才話題，還在聖保羅的街道上展示了一次令人難忘的世界級扒竊技能。（我們還認爲小羅納度的動作很厲害……）

寫這本書會讓人感謝自己的父母，而我很幸運有全世界最棒的父母。媽媽、爸爸，謝謝你們給予的一切。

我的兄弟 Maurice 對這本書的幫助是難以衡量的。他琢磨想法、挖掘例子、從頭到尾激發想法，他如此耐心和幽默，讓我開始懷疑他比我更了解這一切。我也想謝謝我家小孩——艾登、凱蒂、莉亞、柔伊。你們好棒，我愛你們。

最後想謝謝我太太——珍。如果沒有她，一切都不會發生。再說，她可是我這輩子碰過最有才華的人。

參考文獻

前言　接上一個神經機制，破解天才密碼

◎ 有關克萊瑞莎高速練習的詳情，請見 Gary E. McPherson and James M. Renwick, "Interest and Choice: Student-Selected Repertoire and Its Effect on Practising Behavior," *British Journal of Music Education* 19 (June 2002), 173–88. 以及 "I've Got to Do My Scales First!" *Proceedings of the Sixth International Conference on Music Perception and Cognition* (Keele, Staffordshire, U.K.: Keele University Department of Psychology, 2000), CD-ROM。

第 1 章　甜蜜點

◎ 雖然直覺告訴我們，神童注定成就偉大，但大量的科學數據卻顯示事實並非如此。詳情請見 Benjamin Bloom's "The Role of Gifts and Markers in the Development of Talent," *Exceptional Children* 48 (1982), 510–21；以及 Lauren A. Sosniak's "Developing Talent: Time, Task, and Context" in N. Colangelo and G. Davis's *Handbook of Gifted Education* (New York: Allyn & Bacon, 2003)。這個主題有許多精采的案例研究，請見 Rena Subotnik, Lee Kassan, Ellen Summers, and Alan Wasser's long-term study of high-IQ students at a New York school for the gifted in *Genius Revisited: High IQ Children Grown Up* (Norwood, N.J.: Ablex, 1993)。或是史丹佛心理學家 Lewis Terman 針對高智商兒童的長期研究。關於這個主題有一本廣爲流傳的絕佳綜合論述，請見麥爾坎・葛拉威爾的《異數：超凡與平凡的界線在哪裡？》。

◎ 畢約克（Robert Bjork）所謂的「學習甜蜜點」，是由其他人賦予概念，其中最著名的是 1920 年代蘇聯心理學家維高斯基（Lev Vygotsky），他爲它取的名字比較不朗朗上口：近側發展區（the zone of proximal development）。畢約克研究有助於學習的困難，請見 "Memory and Metamemory Considerations in the Training of Human Beings," in *Metacognition: Knowing About Knowing* (Cambridge, Mass.: MIT Press, 1994), 185–205，以及 "Assessing Our Own Competence: Heuristics and Illusions," *Attention and Performance XVII. Cognitive Regulation of Performance: Interaction of Theory and Application*(Cambridge, Mass.: MIT Press, 1999), 435–59，還有共同作者 Nate Kornell, "Learning Concepts and Categories: Is Spacing the Enemy of Induction?" *Psychological Science* 19 (2008), 585–91。

◎ 關於深度練習的一件有趣之處是，它感覺起來跟淺層練習沒有分別，畢約克稱之爲「能力錯覺」（illusion of competence）。有幾個貼切的研究，其中最有趣的是英國郵差爲了學會一種新的鍵盤系統而接受各種不同訓練方式。研究發現：學得最少的郵差，覺得自己學到最多；學得最多的郵差，覺得自己學到最少。請見 A. D. Baddeley and D. J. A. Longman, "The Influence of Length and Frequency of Training Session on the Rate of Learning to Type," *Ergonomics* 21 (1978), 627–35。

◎ 廣告中的深度練習，更多例子請見 Jaideep Sengupta and Gerald J. Gorn, "Absence Makes the Mind Grow Sharper: Effects of Element Omission on Subsequent Recall," *Journal of Marketing Research* 39 (May 2002), 186–201。

◎ 如何促進歐尼爾的自由投球，請見 R. Kerr and B. Booth, "Specific and Varied Practice of Motor Skill," *Perceptual and Motor Skills* 46 (1978), 395–401。

◎ 林克和他的飛行訓練器，請見 Lloyd L. Kelly as told to Robert B. Parke, *The Pilot Maker* (New York: Grosset & Dunlap, 1970)；Norman E. Borden, Jr., *Air Mail Emergency 1934*(Freeport, Me.: Bond Wheelwright, 1968)；以及 D. J. Allerton,"Flight Simulation: Past, Present, and Future," *Aeronautical Journal* 104 (2000), 651–63。另外也可以在以下找到敘述 http://www.link.com/history.html 以及 Virginia Van der Veer, "Barnstorming the U.S. Mail," *American Heritage*, May 1974.。

◎ 五人制足球有助於建立技能，請見 J. D. Allen, R. Butterly, M. A. Welsch, and R. Wood, "The Physical and Physiological Value of 5-a-Side Soccer Training to 11-a-Side Match Play," *Journal of Human Movement Studies* 31 (1998), 1–11 以及 Simon Clifford, *Play the Brazilian Way* (London: MacMillan, 1999)。

第2章　深度練習細胞

◎ 可能很快就會被稱爲髓鞘革命的一個綜觀作品，R. Douglas Fields's "White Matter Matters," *Scientific American* (March 2008), 54–61， 以及他的 "Myelination: An Overlooked Mechanism of Synaptic Plasticity?" *Neuroscientist* 11, no. 6 (2005), 528–31。髓鞘和疾病及思覺失調症、強迫症、慢性憂鬱、躁鬱症、自閉症、閱讀障礙、過動症等疾病之間的關係，請見 Fields "White Matter in Learning, Cognition, and Psychiatric Disorders," *Trends in Neurosciences* 31, no. 7 (July 2008), 361–70。費爾茲寫了一本科普書《另一個腦：開啓思考、記憶、健康與疾病的未知領域》。

◎ 有幾個特定研究將髓鞘連結到技能及才華增加，請見：J. Pujol, "Myelination of Language-Related Areas in the Developing Brain," *Neurology* 66 (2006), 339–43；F. Ullen et al., "Extensive Piano Practicing Has Regionally Specific Effects on White Matter Development," *Nature Neuroscience* 8 (2005), 1148–50；T. Klingberg et al., "Microstructure of Temporo-Parietal White Matter as a Basis for Reading Ability," *Neuron* 25 (2000), 493–500；B. J. Casey et al., "Structural and Functional Brain Development and Its Relation to Cognitive Development," *Biological Psychology* 54 (2000), 241–57；K. B. Walhovd and A. M. Fjell, "White Matter Volume Predicts Reaction Time Instability," *Neuropsychologia* 45 (2007), 2277–84; V. J. Schmithorst et al., "Cognitive Functions Correlate with White Matter Architecture in Normal Pediatric Population," *Human Brain Mapping* 26 (2005), 139–47；E. M. Miller, "Intelligence and Brain Myelination: A Hypothesis," *Personality and Individual Differences* 17 (1994), 803–32；and B. T. Gold et al., "Speed of Lexical Decision Correlates with Diffusion Anisotropy in Left Parietal and Frontal White Matter," *Neuropsychologia* 45 (2007), 2439–46。

◎ 艾瑞克森的刻意練習請見 *Cambridge Handbook of Expertise and Expert Performance*(New York: Cambridge University Press, 2006)，這是他與 Neil Charness、Paul Feltovich 和 Robert Hoffman 共同編輯的著作。艾瑞克森與 Janet L. Starkes 共同編輯 *Expert Performance in Sports* (Champaign, Ill.: Human Kinetics, 2003)；還有 *The Road to Excellence* (Mahwah, N.J.: Lawrence Erlbaum Associates, 1996)。與 Neil Charness 共同執筆的論文 "Expert Performance: Its Structure and

Acquisition," *American Psychologist* 49, no. 8 (1994), 725–47；以及 Michael J. A. Howe, Jane W. Davidson, and John A. Sloboda, "Innate Talents: Reality or Myth," *Behavioral and Brain Sciences* 21 (1998), 399–407。

◎ 有一個事實，雖然不是很關鍵，卻相當有娛樂性，那就是：深度練習也適用於其他物種（畢竟，髓鞘就是髓鞘）。請見 W. S. Helton, "Deliberate Practice in Dogs: A Canine Model of Expertise," *Journal of General Psychology* 134, no. 2 (2007), 247–57。

第 3 章　勃朗特姐妹、Z 男孩、文藝復興

◎ 貝克的著作 *The Brontës* (New York: St. Martin's Griffin, 1994) 相當傑出地涵蓋了傳記部分。同時也可參見 Ann Loftus McGreevy, "The Parsonage Children: An Analysis of the Creative Early Years of the Brontës at Haworth," *Gifted Child Quarterly* 39, no. 3 (1995), 146–53。對勃朗特姐妹、艾略特、狄更斯的洞察分析，請見 Michael J. A. Howe's *Genius Explained* (Cambridge, U.K.: Cambridge University Press, 1999)。

◎ 關於 Z 男孩早期的精采描述：Greg Beato, "Lords of Dogtown," *Spin*, March 1999。

◎ 文藝復興時代的工藝行會制度，請見 S. R. Epstein, "Craft Guilds, Apprenticeship, and Technological Change in Preindustrial Europe," *Journal of Economic History* 58, no. 3 (1998), 684–713；以及 S. R. Epstein, *Wage Labor and Guilds in Medieval Europe* (Chapel Hill: University of North Carolina Press, 1991)。

◎ 文藝復興時代學徒制，請見 Andrew Ladis and Carolyn H. Wood, The Craft of Art: Originality and Industry in the Italian Renaissance and Baroque Workshop (Athens: University of Georgia Press, 1995)；Laurie Schneider Adams, *Key Monuments of the Italian Renaissance* (Boulder, Colo.: Westview Press, 2000)；Robert Coughlan, *The World of Michelangelo* (New York: Time-Life Books, 1966)；以及 Charles Nicholl's excellent *Leonardo da Vinci: Flights of the Mind* (New

York: Viking Penguin, 2004)。

◎ 髓鞘先生的研究顯示爲什麼麥可．喬丹（及其他靠速度取勝的運動員）必須在四十歲左右退休，請見 George Bartzokis, "Lifespan Trajectory of Myelin Integrity and Maximum Motor Speed," *Neurobiology of Aging* (2008)，可以透過 PubMed 閱讀。

◎ 基因在技能的角色，請見 Richard Dawkins's *The Selfish Gene* (Oxford, U.K.: Oxford University Press, 1976)。

◎ 關於愛因斯坦大腦髓鞘量超高，有個有趣的故事。美國病理學家湯瑪斯．哈維（Thomas Harvey）偷走愛因斯坦的大腦，接下來一輩子都掌管這顆大腦，把它寄送給幾個幸運的研究者。完整故事寫在精采一書：Michael Paterniti, *Driving Mr. Albert* (New York: Dial Press, 2000)。其中一個幸運研究者 Marian Diamond，對這個大腦的左半腦及右半腦的關鍵區域，於一九八五年做了一場全面分析。她將愛因斯坦的大腦與其他十一個同齡男性對照，比較大腦的相同區域，她發現，就神經元而言，這些大腦是相同的。 然而，涉及髓鞘支持的細胞，愛因斯坦大腦中的髓鞘支持細胞數量是兩倍之多。Diamond's "On the Brain of a Scientist: Albert Einstein," *Experimental Neurology* 88, no. 1 (1985), 198–204。

第 4 章　深度練習的三個法則

◎ 德格魯特的作品可見於譯本 *Thought and Choice in Chess* (The Hague, Netherlands: Mouton, 1965)，還有 Vittorio Busato, "In Memoriam: Adriaan Dingeman de Groot," *Association for Psychological Science Observer* 19, no. 11 (November 2006)。

◎ 關於組塊化，其他好作品有 W. G. Chase and H. A. Simon, "Perception in Chess," *Cognitive Psychology* 4 (1973), 55–81；and D. A. Rosenbaum, S. B. Kenny, and M. A. Derr, "Hierarchical Control of Rapid Movement Sequences," Journal of Experimental Psychology: Human Perception and Performance 9 (1983), 86–102。

◎ 莫斯科斯巴達克網球俱樂部，有一個資料來源相當有用而且好看，是紀錄片 Peter Geisler and Philip Johnston, *Anna's Army: Behind the Rise of Russian Women's Tennis* (Byzantium Productions, 2005)。關於草山音樂學校的歷史，請見 Elizabeth A. H. Green, *Miraculous Teacher: Ivan Galamian and the Meadowmount Experience* (self-published, 1993)。

◎ 關於自我調節的學習，請見 Barry Zimmerman and Dale H. Schunk, eds., *Self-Regulated Learning: From Teaching to Self-Reflective Practice* (New York: Guilford Press, 1998)；以及 Barry Zimmerman, Sebastian Bonner, and Robert Kovach, *Developing Self-Regulated Learners: Beyond Achievement to Self-Efficacy* (Washington, D.C.: American Psychological Association, 1996)。排球發球請見 Barry Zimmerman and Anastasia Kitsantas, "Comparing Self-Regulatory Processes Among Novice, Non-Expert, and Expert Volleyball Players: A Microanalytic Study," *Journal of Applied Sport Psychology* 14 (2002), 91–105。

◎ 了解到神經迴路與技能之間的關係之後，有個符合邏輯的想法是，每個希望成爲專家的人都應該在早期專攻。但是事實上，許多研究顯示，早期專攻的結果並不如採取比較多方面廣泛學習的方式，尤其是在運動方面。乍聽之下好像很矛盾，但如果以更全面的角度來看運動技能，就有道理了：平衡感、協調性、肢體控制的神經迴路。許多世界一流運動員是比較晚才開始專攻他們的運動，例如：網球界的費德勒、美國職籃球星史蒂夫・奈許、柯比・布萊恩（兩人跑去踢足球），還有跑去踢世足的詹皇。詳見 Joseph Baker's "Early Specialization in Youth Sport: A Requirement for Adult Expertise?" *High Ability Studies* 14 (2003), 85–94。

◎ 以清晰眼光比較美國的學校教育和日本、德國，請見 James W. Stigler and James Hiebert, *The Teaching Gap: Best Ideas from the World's Teachers for Improving Education in the Classroom* (New York: Free Press, 1999)；以及 Robert Hess and Hiroshi Azuma, "Cultural Support for Schooling: Contrasts Between Japan and the United States," *Educational Researcher* 20, no. 9 (1991), 2–8。

◎ 關於深度練習的寶寶，請見 K. E. Adolph, P. E. Shrout, and B. Vereijken, "What

Changes in Infant Walking and Why," *Child Development* 74, no. 2 (2003), 475–97。另外，Greta and Dave Munger 的部落格 Cognitive Daily blog: http://scienceblogs.com/cognitivedaily，有實用的研究摘要。

第5章　初始提示

◎ 麥佛森對於受到激發的音樂家，其研究見於 "Commitment and Practice: Key Ingredients for Achievement During the Early Stages of Learning a Musical Instrument," *Council for Research in Music Education* 147 (2001), 122–27。還有 "From Child to Musician: Skill Development During the Beginning Stages of Learning an Instrument," *Psychology of Music* 33, no. 1 (2005), 5–35，以及與 Barry Zimmerman 共同執筆 "Self-Regulation of Musical Learning," in *The New Handbook on Research on Music Teaching and Learning* (Oxford, U.K.: Oxford University Press, 2002), 327–47。麥佛森的研究還沒有做完——研究剛開始時的七歲受試者，現在已經進入大學；有些人已經建立很多髓鞘了。

◎ 關於自動性的領域，請見 John Bargh, Ran Hassin, and James Uleman, eds., *The New Unconscious* (New York: Oxford University Press, 2005)；以及 Chris Frith, *Making Up the Mind: How the Brain Creates Our Mental World* (New Jersey: Wiley-Blackwell, 2007)。此外，網站 Situationist (http://thesituationist.wordpress.com) 有關於自動性及其社會影響的研究和討論。

◎ 科恩與華頓所做的實驗（生日相同之影響），他們稱為 "Mere Belonging"，尚未出版。他們的其他研究可見 "Sharing Motivation," in D. Dunning, ed., *The Handbook of Social Motivation* (forthcoming)。另外有一個研究也描繪出類似效果，其中的受試者無意識地被初始提示影響而增加努力、改變目標、促進表現，請見 G. M. Fitzsimons and J. A. Bargh, "Thinking of You: Nonconscious Pursuit of Interpersonal Goals Associated with Relationship Partners," *Journal of Personality and Social Psychology* 84, no. 1 (2003), 148–64。

◎ 還有一些研究是反方向操弄激發開關，暗示受試者降低努力、智力及成就，例　如：R. Baumeister, C. Nuss, and J. Twenge, "Effects of Social Exclusion on

Cognitive Processes: Anticipated Aloneness Reduces Intelligent Thought," *Journal of Personality and Social Psychology* 83, no. 4 (2002), 817–27。

◎ 艾森斯塔特關於孤兒成爲歷史重要人物的研究，請見 *Parental Loss and Achievement* (Madison, Conn.: International Universities Press, 1989)。這個現象另一個討論出現於 Dean Keith Simonton, *Origins of Genius: A Darwinian Perspective on Creativity* (New York: Oxford University Press, 1999)。比較一般性的討論是 Victor Goertzel et al., *Cradles of Eminence: The Childhoods of More than 700 Famous Men and Women*, rev. ed. (Scottsdale, Ariz.: Great Potential Press, 2004)。

第6章　古拉索實驗

◎ 生動描述古拉索的棒球計畫，請見 Charles Euchner, *Little League, Big Dreams: The Hope, The Hype and the Glory of the Greatest World Series Ever Played* (Naperville, Ill.: Source- books, 2006)。

◎ 以全面與學術觀點看待動機，請見 Carol Dweck and Andrew Eliot, eds., *The Handbook of Competence and Motivation* (New York: Guilford Press, 2005)。杜維克的研究，關於測量一句稱讚的威力，請見 A. Cimpian et al., "Subtle Linguistic Clues Affect Children's Motivation," *Psychological Science* 18 (2007), 314–16。杜維克還寫了《心態致勝：全新成功心理學》一書。

◎ 深入了解語言的力量，請見 Po Bronson, "How Not to Talk to Your Kids: The Inverse Power of Praise," *New York*, February 12, 2007。

第 7 章　激發天才產地

◎ KIPP 的故事已經有許多精采的新聞記者報導，尤其是《華盛頓郵報》的 Jay Mathews 及《紐約時報雜誌》的 Paul Tough 。詳見 Jay Mathews, Work Hard, *Be Nice: How Two Inspired Teachers Created America's Best Schools* (Chapel Hill, N.C.: Algonquin Books, 2009)。

第 8 章　循循善誘天才的老師

◎ 拉姆男爵的故事來自 John Toland, *The Dillinger Days* (New York: Da Capo Press, 1995)，以及 Duane Swierczynski, *This Here's a Stick-Up* (Indianapolis, Ind.: Alpha Books, 2002)。（很可惜的是，沒有任何語言學上的證據能考證搶匪用語「on the lam」起源於拉姆的姓氏。）

◎ 蓋利摩和薩普的實驗學校，較完整的故事請見 *Rousing Minds to Life: Teaching, Learning, and Schooling in a Social Context* (New York: Cambridge University Press, 1988)。關於名教練伍登的精采書籍相當多，不過從教育法的觀點，很難有比這本更好：Swen Nater and Ron Gallimore, *You Haven't Taught Until They Have Learned* (Morgantown, W.V.: Fitness Information Technology, 2006)，作者之一奈特是前加州大學洛杉磯分校籃球隊成員。此外，蓋利摩和薩普對伍登的研究有所增補："What a Coach Can Teach a Teacher, 1975–2004: Reflections and Reanalysis of John Wooden's Teaching Practices," *Sport Psychologist* 18, no. 2 (2004), 119–37。

◎ 布魯姆博士研究一百二十名擁有頂級才華的人，請見 *Developing Talent in Young People* (New York: Ballantine, 1985)。

結語　髓鞘的世界

◎ 自然發音法和全語言的戰爭有許多好文章，其中突出的兩篇是 Nicholas Lemann, "The Reading Wars," *Atlantic Monthly*, February 1997；以及 Charlotte Allen, "Read It and Weep," *Weekly Standard*, July 16, 2007。

◎ 嬰兒大腦開發 DVD 會降低字彙發展，詳見 F. J. Zimmerman, D. A. Christakis, and A. N. Meltzoff, "Associations Between Media Viewing and Language Development in Children Under Age 2 Years," *Journal of Pediatrics* 151, no. 4 (2007), 364–68。關於一般主題的研究，詳見 A. N. Meltzoff, Alison Gopnik, and Patricia Kuhl, *The Scientist in the Crib: What Early Learning Tells Us About the Mind* (New York: Harper, 2000)。

◎ 認知儲備和老化的研究來自 N. Scarmeas et al., "Influence of Leisure Activity on the Incidence of Alzheimer's Disease," *Neurology* 57 (2001), 2236–42.

◎ 杜維克的中學生研究，請見 L. S. Blackwell, K. H. Tvzesniewski, and C. S. Dweck, "Implicit Theories of Intelligence Predict Achievement Across an Adolescent Transition: A Longitudinal Study and an Intervention," *Child Development* 78 (2007), 246–63。

◎ 最後，我參考了許多技能及天才相關書籍，以下列出最棒的幾本。有些是回憶錄和傳記，因爲在技能建立方面有許多生動的描述。這些書可能都沒有提到髓鞘，但是每一頁都能感覺到它的存在：

- John Jerome, *The Sweet Spot in Time: The Search for Athletic Perfection* (New York: Breakaway Books, 1980)
- Glenn Kurtz, *Practicing: A Musician's Return to Music* (New York: Alfred A. Knopf, 2007)
- Twyla Tharp, *The Creative Habit* (New York: Simon & Schuster, 2003)
- John McPhee, *A Sense of Where You Are: Bill Bradley at Princeton* (New York: Farrar, Straus & Giroux, 1965)
- Steve Martin, *Born Standing Up* (New York: Simon & Schuster, 2007)

Eurasian Publishing Group
圓神出版事業機構
用心與你對話・視野無限寬廣
先覺出版社
Prophet Press

www.booklife.com.tw
reader@mail.eurasian.com.tw

商戰系列 242

成就密碼：任何人都能實現夢想的技能

作　　者／丹尼爾・科伊爾（Daniel Coyle）
譯　　者／周怡伶
發 行 人／簡志忠
出 版 者／先覺出版股份有限公司
地　　址／臺北市南京東路四段50號6樓之1
電　　話／（02）2579-6600・2579-8800・2570-3939
傳　　真／（02）2579-0338・2577-3220・2570-3636
副 社 長／陳秋月
主　　編／李宛蓁
責任編輯／林淑鈴
校　　對／李宛蓁・劉珈盈・林淑鈴
美術編輯／林雅錚
行銷企畫／陳禹伶・黃惟儂
印務統籌／劉鳳剛・高榮祥
監　　印／高榮祥
排　　版／莊寶鈴
經 銷 商／叩應股份有限公司
郵撥帳號／ 18707239
法律顧問／圓神出版事業機構法律顧問　蕭雄淋律師
印　　刷／祥峰印刷廠
2024年5月　初版

The Talent Code: Greatness Isn't Born. It's Grown. Here's How.

定價 410 元　　ISBN 978-986-134-497-3

爲了舉起比平時稍微重一點的知識重量，就需要一定的紀律。俄國著名的電影導演安德烈·塔可夫斯基（Andrei Tarkovsky）說過：「規律性地做好某些事情，就會出現奇蹟。」

——《學習不會背叛你：首爾大學畢業生最受用的一堂課》

國家圖書館出版品預行編目資料

成就密碼：任何人都能實現夢想的技能／丹尼爾·科伊爾（Daniel Coyle）著；周怡伶 譯. -- 初版. -- 臺北市：先覺出版股份有限公司，2024.5
352 面；14.8×20.8公分 --（商戰系列；242）
譯自：The Talent Code: Greatness Isn't Born. It's Grown. Here's How.
ISBN 978-986-134-497-3（平裝）
1.CST：才能　2.CST：動機　3.CST：連續練習法
173.763　　113004114